Inglés

para

Principiantes

Vocabulario Más Usado y Practico en Inglés – 2000 Palabras más Usadas en Inglés para Comunicarte

Axelt Wills

"Aprender un nuevo idioma es como adquirir una nueva ventana desde la cual observar el mundo". - Frank Smith

Contenido

Preguntas WH   WH Questions   dubleyu eich kuestiyons

Frutas y Verduras   Fruits and vegetables   frut end veish eibol

Objetos personales   Personal Items   personal airen

Objetos de una casa   Objets of the house   obyets of de jaus

Partes del cuerpo   Parts of the body   Parts ofdi body

Objetos comunes   Common objects   coman obyets

Saludos básicos   Basic Greetings   beisik grirings

Prólogo

Imagina poder desenvolverte en inglés con fluidez en cualquier conversación, pasando con naturalidad de hablar sobre el clima a describir las habitaciones de una casa. Este libro será tu guía para dominar los elementos fundamentales de este idioma, centrándose en las palabras más usadas en el día a día y que son el corazón mismo del idioma.

En las páginas de este libro, encontrarás una selección cuidadosa de las 2000 palabras más esenciales y frecuentemente empleadas en inglés, utilizadas por hablantes nativos tanto en Estados Unidos como en Inglaterra. Cada palabra vendrá acompañada de una guía fonética amigable y sencilla, diseñada especialmente para resonar con el oído de los hablantes de español. Somos conscientes de que la pronunciación puede ser un desafío, pero nos hemos asegurado de que puedas abordar cada palabra con confianza y seguridad en tu dicción.

Este libro no solo te permitirá enriquecer tu vocabulario, sino también ganar la confianza necesaria para expresarte en inglés de manera efectiva y auténtica en diversas situaciones. Ejemplo:

Clima	**Weather**	(wu-eder)* Pronunciación.
Cocina	**Kitchen**	(kítchen)
Nueve	**Nine**	(nain)

¿Por qué deberías invertir tu tiempo y energía en esta aventura lingüística? Porque el lenguaje es más que simples palabras: es el conducto para entender culturas, forjar conexiones y emprender conversaciones significativas. En estas páginas, no solo estás aprendiendo palabras; estás adquiriendo el poder de expresarte y establecer conexiones que trascienden fronteras lingüísticas.

En español	*En inglés*	*Pronunciación real*
Saludos informales	Informal Greetings	in-for-mal grirings
1. Hola	**Hi**	jái
2. Oye/Hey	**Hey**	jéi
3. Hola ahí	**Hey there**	jei der
4. ¿Qué tal? ¿Qué pasa?	**What's up?**	wáts ap
5. ¿Qué hay? ¿Qué tal?	**Sup**	sap
6. ¿Cómo va?	**How's it going?**	háus it gó-ing
7. ¿Cómo va todo?	**How's it hanging?**	haos it hang-ing
8. ¿Cómo va todo?	**How's tricks**	hauz triks
9. ¿Cómo te trata la vida?	**How's life treating you?**	jaws laif tree-ting yu
10. ¿Qué onda?	**Wazzup?**	wuazap
11. Oye, ¿cómo estás?	**Hey, how you doing?**	hey, hau yu du-ing
12. Mucho tiempo sin verte	**Long time no see**	lon taim no sí
13. ¿Cómo estás?	**Howdy**	jaudi
14. ¿Qué hay de nuevo?	**What's cracking?**	wuats krak-ing
15. ¿Cuál es el chisme?	**What's the scoop?**	wuats de skup
16. ¿Cuál es la movida?	**What's the deal?**	wuats de dil
17. ¿Qué se cuece?	**What's cooking?**	wuats kuk-ing
18. Oye, ¿cuál es la historia?	**Hey, what's the story?**	hey, wu-ats de sto-ri
19. Oye, ¿cómo estás?	**Ey, how are ya?**	héi, jáu ár yá
20. ¿Qué cuentas?	**What's crackin'?**	wuáts krá-kin
21. ¿Qué hay de nuevo?	**What's the buzz?**	wuats de baz
22. Oye, ¿cuál es la novedad?	**Hey, what's the word?**	hey, wuats de werd
23. Oye, ¿qué está pasando?	**Hey, what's happening?**	hey, wuats já-pEn-ing
24. ¿Qué está pasando?	**What's happening?**	wuats jápening
25. ¿Qué está pasando?	**What's going down?**	wuats góing daun
26. ¿Qué pasa?	**What's going on?**	wuáts gó-ing ón

27. Ey, ¿qué tal?   **Yo, what's good?**   yo, wuats gud
28. Oye, ¿cómo va la vida?   **Hey, how's life?**   hei, jauz laif
29. Oye, hace tiempo que no hablamos.   **Hey, long time no talk**.   hei,
long taim no tok

Español	**Inglés**	**Pronunciación**
Colores	Colors	kuhluhrs
30. Colores primarios	**primary colors**	práy-meh-ri kalors
31. Rojo	**Red**	red
32. Azul	**Blue**	blu
33. Amarillo	**Yellow**	yel-ou
34. Colores secundarios	**Secondary colours**	secondary kalors
35. Morado	**Purple**	púr-ple
36. Naranja	**Orange**	ó-ran-ch
37. Verde	**Green**	grin
38. Rosa	**Pink**	pink
39. Marrón	**Brown**	Braun
40. Gris	**Gray**	grey
41. Negro	**Black**	blak
42. Blanco	**White**	wuáit
43. Rosa	**Pink**	pink
44. Violeta	**Violet**	vai-o-let
45. Celeste	**Sky blue**	eskai blu
46. Turquesa	**Turquoise**	túr kwoiz
47. Dorado	**Gold**	gold
48. Plateado	**Silver**	síl-ver
49. Beige	**Beige**	beɪsh
50. Café	**Brown**	braun
51. Anaranjado	**Orange**	ó-ran-sh
52. Gris claro	**Light gray**	lait grei
53. Gris oscuro	**Dark gray**	dark grei

54.	Amarillo pálido	**Pale yellow**	peil yel-oh
55.	Verde oliva	**Olive green**	ó-liv grin
56.	Magenta	**Magenta**	ma-jén-t

57.	Cyan	**Cyan**	sai-en
58.	Turquesa	**Turquoise**	túr-kwoiz
59.	Lavanda	**Lavender**	le-vén-der
60.	Coral	**Coral**	kó-ral
61.	Amarillo mostaza	**Mustard ye**	más-terd yel-oh
62.	Índigo	**Indigo**	ín-di-goh
63.	Carmesí	**Crimson**	krím-sən
64.	Rubí	**Ruby**	rú-bee
65.	Marfil	**Ivory**	ái-vuh-ri
66.	Púrpura	**Purple**	púr-puhl

Español	**Inglés**	**Pronunciación**
Números	Numbers	nambers
67. 0 – cero	**0 -** zero	sé-roh
68. 1 - uno	**1 -** One	wuán
69. 2 - dos	**2 -** Two	tu
70. 3 - tres	**3 -** Three	thrí
71. 4 - cuatro	**4-** Four	fór
72. 5 - cinco	**5-** Five	fáiv
73. 6 - seis	**6-** Six	síks
74. 7 - siete	**7-** Seven	sév-en
75. 8 - ocho	**8-** Eight	éit
76. 9 - nueve	**9-** Nine	náin
77. 10 - diez	**10-** Ten	ten

Español   **Inglés**   **Pronunciación**

	Español	Inglés	Pronunciación
78.	11 – once	**11- eleven**	ileven
79.	12 - doce	**12-twelve**	tuélv
80.	13 - trece	**13-thirteen**	dtréhn
81.	14 - catorce	**14-fourteen**	fór-tín
82.	15 - quince	**15-fifteen**	fíf-tín
83.	16 - dieciséis	**16-sixteen**	sihk-séhs
84.	17 - diecisiete	**17- seventeen**	sihk-siéhn
85.	18 - dieciocho	**18-eighteen**	ei-tín
86.	19 - diecinueve	**19- nineteen**	nái-tín
87.	20 - Veinte	**20- Twenty**	Twéhn-tí
88.	21: Veintiuno	**21- Twenty-one**	twen-tÍ-wuán

89.	22: Veintidós	**22 - twenty-two**	twen-tí-tu
90.	23: Veintitrés	**23 - twenty-three**	twen-tí-zrí
91.	24: Veinticuatro	**24 - twenty-four**	twen-tí-for
92.	25: Veinticinco	**25 - twenty-five**	twen-tí-fáiv
93.	26: Veintiséis	**26 - twenty-six**	twen-tí-siks
94.	27: Veintisiete	**27 - twenty-seven**	twen-tí-sev-en
95.	28: Veintiocho	**28 - twenty-eight**	twen-tí-éit
96.	29: Veintinueve	**29 - twenty-nine**	twen-tí-náin

	Español	**Inglés**	**Pronunciación**
97.	30: Treinta	**30 - thirty**	thur-tí
98.	40: Cuarenta	**40 - forty**	For-tí
99.	50: Cincuenta	**50 - fifty**	fif-tí
100.	60: Sesenta	**60 - sixty**	sik stí
101.	70: Setenta	**70 - seventy**	sev-en-tí
102.	80: Ochenta	**80 - eighty**	éy-tí
103.	90: Noventa	**90 - ninety**	nahyn-ti

104.	91 - Noventa y uno	**91- ninety-one**	nahyn-tí-wuan
105.	92 - Noventa y dos	**92- ninety-two**	nahyn-tí-tu
106.	93 - Noventa y tres	**93- ninety-three**	nahyn-tí-zrí
107.	94 - Noventa y cuatro	**94- ninety-four**	nahyn-tí-for

108. 95 - Noventa y cinco	**95- ninety-five**	nahyn-tí-faiv
109. 96 - Noventa y seis	**96- ninety-six**	nahyn-tí-siks
110. 97 - Noventa y siete	**97- ninety-seven**	nahyn-tí-sev-en
111. 98 - Noventa y ocho	**98- ninety-eight**	nahyn-ti-éit
112. 99 - Noventa y nueve	**99- ninety-nine**	nahyn-tí-nain
113. 100 - Cien	**100- one hundred**	wuan jándred
114. 152- Ciento cincuenta y dos	**152- One hundred fifty two**	Wuan jándred fífti tú

115. 597-Quinientos noventa y siete	**597- Five hundred ninety seven**	faiv jándred náinti séven

116. 999- Novecientos noventa y nueve **999- Nine hundred ninety nine** náin jándred náinti náin

117. 1 000 Mil	**1 000- One Thousand**	wuán tháuzand

118. 1 044-Mil cuarenta y cuatro	**1 044- One thousand forty-four**	sáuzand fór-ti-for

119. 1 515- Mil Quinientos quince	**1 515- One thousand five hundred fifty** **one thousand, five hundred fifteen**	wuán tháuzand, fáiv jándred fíftín

120. 13 764- Trece mil setecientos sesenta y cuatro	**13 764 -Thirteen thousand, seven hundred sixty-four**	zírten tháuzand, séven jándred sísti-fór

121. 1, 000, 000 Un millón	**1, 000, 000 – One Millon**	wuán mÍl-yon

122. 16 541 209Dieciséis millones quinientos cuarenta y un mil doscientos nueve	**16 541 209 sixteen million, five hundred forty-one**

thousand, two hundred nine   Síx-tín mílyon, fáiv jándred fórti-wuán
tháuzand, tú jándred náyn

Español	Inglés	Pronunciación
Días de la semana	Days of the week	deis of de guik

	Español	Inglés	Pronunciación
123.	Lunes	**Monday**	Mán-dei
124.	Martes	**Tuesday**	Tius-déi
125.	Miércoles	**Wednesday**	Wuénz-dei
126.	Jueves	**Thursday**	Zúrs-dei
127.	Viernes	**Friday**	Frái-dei
128.	Sábado	**Saturday**	Sát-er-dei
129.	Domingo	**Sunday**	Sán-dei

130.

Español	Inglés	Pronunciación
Días festivos	Holliday	hól-i-dei

	Español	Inglés	Pronunciación
131.	Día de Acción de Gracias	**Thanksgiving Day**	zánks-gívin déi
132.	Día de San Valentín	**Valentine's Day**	válentaınz déi
133.	Día de Colón	**Columbus Day**	ko-lúmbes déi
134.	Día de la Independencia	**Independence Day**	indipéndens déi
135.	Día de los Caídos	**Memorial Day**	me-mórial déi
136.	Día del Trabajo	**Labor Day**	léibor déi
137.	Día de los Veteranos	**Veterans Day**	véterenz déi
138.	Día de los Presidentes	**Presidents' Day**	prézidents déi
139.	Halloween	**Halloween**	jaluwín
140.	Navidad	**Christmas Day**	krísmes déi
141.	Año Nuevo	**New Year's Day**	niu yir déi
142.	Viernes Negro	**Black Friday**	blak frái-dei
143.	Día de Martin Luther King Jr.	**Martin Luther King Jr. Day**	

mártin lúder king djúnier

Español	Inglés	Pronunciación
Clima	Weather	wuéder

	Español	Inglés	Pronunciación
1.	Neblina	**Mist**	mist
2.	Tormenta	**Storm**	storm
3.	Trueno	**Thunder**	thánder
4.	Húmedo	**Humid**	jiúmid
5.	Lluvia	**Rain**	rein
6.	Granizo	**Hail**	jeil
7.	Relámpago	**Lightning**	láitning
8.	Nube	**Cloud**	kláud
9.	Helada	**Frost**	fróust
10.	Arcoíris	**Rainbow**	réinbou
11.	Seco	**Dry**	drái
12.	Calor	**Heat**	jit
13.	Viento	**Wind**	wind
14.	Llovizna	**Drizzle**	drízel
15.	Presión atmosférica	**Atmospheric pressure**	átmosféric preshiur
16.	Frío	**Cold**	kóuld
17.	Niebla	**Fog**	fog
18.	Tornado	**Tornado**	tór-nei-dou
19.	Tormenta de nieve	**Snowstorm**	snóustorm
20.	Frente cálido	**Warm front**	wórm fránt
21.	Chubasco	**Shower**	sháuer
22.	Nieve	**Snow**	snou
23.	Ciclón	**Cyclone**	sáikloun
24.	Sol	**Sun**	sán
25.	Pronóstico	**Forecast**	fórkást
26.	Huracán	**Hurricane**	jéreken
27.	Temperatura	**Temperature**	témperetshuer
28.	Frente frío	**Cold front**	kóuld fránt
29.	Estación	**Season**	sízon
30.			

Español	Inglés	Pronunciación
Fechas	**Dates**	**deits**
31. Aniversario	**Anniversary**	a-ni-ver-sa-ry
32. Año	**Year**	yir
33. A través de los años	**Over the years**	o-ver de yirs
34. Antiguo	**Ancient**	én-shent
35. Cronología	**Chronology**	kro-no-ló-yi
36. Cita	**Appointment**	e-point-ment
37. Cumpleaños	**Birthday**	bérth-dey
38. Calendario	**Calendar**	ká-len-dar
39. Cronograma	**Timetable**	táim-téi-bol
40. Décadas	**Decades**	dé-ka-ds
41. Día de la semana	**Weekday**	wík- dey
42. Eternidad	**Eternity**	i-ter-ní-di
43. Festivo	**Public holiday**	páb-lik hó-lli-dei
44. Feriado o Vacaciones	**Holiday**	hó-lli-dei
45. Fin de semana	**Weekend**	uí-kénd
46. Fecha	**Date**	deit
47. Hoy	**Today**	tudéi
48. Hoy en día	**Nowadays**	náu-i-déiz
49. Horario	**Schedule**	skéd-yul
50. Línea de tiempo	**Timeline**	táim-lain
51. Largo fin de semana	**Long weekend**	náu-i-déiz
52. Nunca jamás	**Neverland**	né-vër-land

Español	Inglés	Pronunciación
53. Mañana	**Tomorrow**	to-mó-rou
54. Mes	**Month**	mánth
55. Un instante	**A moment**	ë mó-men

56.	Por fin	**At last**	at last
57.	Para siempre	**Forever**	fór-evër
58.	Próxima semana	**Next week**	nékst wík
59.	Planificar	**Plan**	plán
60.	Rápido	**Fast**	fast
61.	Reunión	**Meeting**	mí-tin
62.	Reloj de arena	**Hourglass**	áuër-glás

63.	Ruinas antiguas	**Ancient ruins**	én-shent rú-ins
64.	Reserva	**Reservation**	rés-er-véi-shen
65.	Semana pasada	**Last week**	lást uík
66.	Siglos	**Centuries**	sén-chu-riis
67.	Semana	**Week**	uík
68.	Tiempo	**Time**	táim
69.	Visita	**Visit**	vísit
70.	Ayer	**Yesterday**	iésterdéi

Español	**Inglés**	**Pronunciación**
Meses del año	Months of the year	monz of de ier
71. Enero	**January**	Yán-u-a-ri
72. Febrero	**February**	Fe-brú-a-ri
73. Marzo	**March**	Már-ch
74. Abril	**April**	Éi-pril
75. Mayo	**May**	Mei
76. Junio	**June**	Yún
77. Julio	**July**	Yú-lai
78. Agosto	**August**	Ó-gast
79. Septiembre	**September**	Sep-tém-ber
80. Octubre	**October**	Ok-tó-ber
81. Noviembre	**November**	Nó-vem-ber
82. Diciembre	**December**	Di-sém-ver

Español	Inglés	Pronunciación
Estaciones del año de ier	Seasons of the year	sízons of

	Español	Inglés	Pronunciación
83.	Invierno	**Winter**	wuínter
84.	Primavera	**Spring**	spring
85.	Verano	**Summer**	sámer
86.	Otoño	**Autumn**	ó-tom
87.	Otoño	**Fall**	fól

- Autumn: es usado comúnmente en Ingles británico
- Fall: es más usado en Inglés Estadounidense. Ambas palabras significan lo mismo.

Español	Inglés	Pronunciación
Fases de la Luna	Moon phases	mun féiziz

	Español	Inglés	Pronunciación
88.	Luna Nueva	**New Moon**	niu muun
89.	Cuarto Creciente	**First Quarter**	ferst kwórter
90.	Luna Gibosa Creciente	**Waxing Gibbous**	wáksing gíbes
91.	Luna Creciente	**Waxing Crescent**	wáksing krésent
92.	Luna Llena	**Full Moon**	ful muun
93.	Luna Gibosa Menguante	**Waning Gibbous**	uéning gíbəs
94.	Luna Menguante	**Waning Crescen**	uéning krésent
95.	Cuarto Menguante	**Last Quarter**	lást kwórtər
96.	Manto	**Mantle**	mántel

Español	Inglés	Pronunciación
Ecosistemas	Ecosystems	íkou-sistəmz

	Español	Inglés	Pronunciación
97.	Continentes	**Continents**	kóntinənts
98.	Océanos	**Oceans**	óushənz

Español	Inglés	Pronunciación
99. Placas tectónicas	**Tectonic plates**	téctonik pléits
100. Volcanes	**Volcanoes**	volkéinoz
101. Corteza terrestre	**Crust**	krust
102. Núcleo	**Core**	cor
103. Mesetas	**Plateaus**	platóuz
104. Atmósfera	**Atmosphere**	átmosfír
105. Lagos	**Lakes**	léiks
106. Glaciares	**Glaciers**	gléishərz
107. Selvas	**Jungles**	yáng-gəlz
108. Ríos	**Rivers**	rívərz
109. Islas	**Islands**	áiləndz
110. Tundra	**Tundra**	tándra
111. Montañas	**Mountains**	máuntənz
112. Penínsulas	**Peninsulas**	penínsyuləz
113. Desiertos	**Deserts**	dézərts
114. Bosques	**Forests**	fórists
115. Cuenca oceánica	**Ocean basin**	óushən béisin
116. Troposfera	**Troposphere**	tró-puh-sfeer
117. Exosfera	**Exosphere**	ék-so-sfeer
118. Llanuras	**Plains**	pléinz
119. Atmósfera	**Atmosphere**	át-mos-fir
120. Estratosfera	**Stratosphere**	strá-tuh-sfeer
121. Termosfera	**Thermosphere**	térm-o-sfeer
122. Mesosfera	**Mesosphere**	mé-zo-sfeer

Español	**Inglés**	**Pronunciación**
Animales de granja	Farm animals	farm ániməls
123. Pollos	Chickens	chikens
124. Pez	Fish	fish
125. Perro	Dog	dog
126. Patos	Ducks	daks
127. Palomas	Pigeons	pídyons

	Español	Inglés	Pronunciación
128.	Pájaros	Birds	börds
129.	Ovejas	Sheep	ship
130.	Iguana	Iguana	iguana
131.	Hámsteres	Hamsters	jámsters
132.	Gatos	Cats	cats
133.	Culebras	Snakes	snéiks
134.	Conejos	Rabbits	rábits
135.	Cerdos	Pigs	pigs
136.	Cabras	Goats	gout
137.	Caballos	Horses	jórsiz
138.	Abejas	Bees	bis
139.	Vacas	Cows	kaus
140.	Tortugas	Turtles	tértilz
141.	Ratones	Mice	mais
142.	Ratón	Mouse	maus

Animales y sus grupos   Animals and their groups   n-uh-muhls and dair grups

	Español	Inglés	Pronunciación
143.	Aves	**Birds**	börds
144.	Platelmintos	**Flatworms**	flat-worms
145.	Artrópodos	**Arthropods**	ár-tro-pods
146.	Nematodos	**Nematodes**	ní-ma-touds
147.	Anélidos	**Annelids**	a-né-lids
148.	Poríferos	**Sponges**	spún-yis
149.	Equinodermos	**Echinoderms**	e-ki-nó-derms
150.	Invertebrados	**Invertebrates**	in-vér-te-brits
151.	Peces	**Fish**	fish
152.	Mamíferos	**Mammals**	má-mols
153.	Reptiles	**Reptiles**	rép-tils
154.	Vertebrados	**Vertebrates**	vér-te-brits
155.	Cordados	**Chordates**	kór-deits

Español	Inglés	Pronunciación
156. Celentéreos	**Cnidarians**	nai-dé-riens
157. Moluscos	**Mollusks**	mól-lusks
158. Anfibios	**Amphibians**	ám-fi-bians

Animal vertebrado	Vertebrate animal	vur-tuh-breyt an-uh-muhl

Español	Inglés	Pronunciación
159. Perro	Dog	dóg
160. Gato	Cat	kát
161. Elefante	Elephant	él-uh-fuhnt
162. León	Lion	lái-uhn
163. Tigre	Tiger	tái-gər
164. Caballo	Horse	jors
165. Vaca	Cow	kau
166. Delfín	Dolphin	dól-fin
167. Ballena	Whale	wéil
168. Oso	Bear	bér
169. Canguro	Kangaroo	káng-guh-roo
170. Gorila	Gorilla	gó-ri-lə
171. Jirafa	Giraffe	yí-raff
172. Serpiente	Snake	sneik
173. Tortuga	Turtle	tórt-l
174. Cocodrilo	Crocodile	kró-ko-dail
175. Águila	Eagle	íi-gl
176. Pingüino	Penguin	pín-guín
177. Pescado	Fish	fish
178. Tiburón	Shark	shárk

Español	Inglés	Pronunciación

179. Zorro	Fox	foks
180. Lobo	Wolf	wulf
181. Pantera	Panther	pán-ther
182. Oso polar	Polar bear	pó-lər ber
183. Cebra	Zebra	zí bra
184. Rinoceronte	Rhinoceros	rái-nó-ser-os
185. Hipopótamo	Hippopotamus	jí-po-pó-ta-mus
186. Chimpancé	Chimpanzee	chim-pán-zí
187. Koala	Koala	kó-a-lə
188. Nutria	Otter	ó-ter
189. Rana	Frog	frog
190. Pavo real	Peacock	pí-kok
191. Búho	Owl	aul

192. Leopardo	Leopard	lé-pard
193. Ciervo	Deer	dír
194. Jirafa reticulada	Reticulated giraffe	ri-tík-yu-léi-ted yiráf
195. Águila calva	Bald eagle	bold íi-gul
196. Pingüino emperador	Emperor penguin	ém-pərər pén-guin
197. Lémur	Lemur	lí-mur
198. Camello	Camel	ká-mel
199. Armadillo	Armadillo	ár-ma-dí-lo
200. Puma	Puma	pú-ma

201. Rinoceronte negro	Black rhinoceros	blak rái-nó-ser-os
202. Gorrión	Sparrow	spá-ro
203. Avestruz	Ostrich	ós-trich
204. Cóndor	Condor	cóndor
205. Lince	Lynx	links
206. Orangután	Orangutan	or-án-gu-tan
207. Narval	Narwhal	nár-wal
208. Caimán	Caiman	cái-man
209. Puercoespín	Porcupine	pór-kiu-páin
Antílope	Antelope	án-ti-loup

210.	Puerco	Pig	pig
211.	Bisonte	Bison	bái-sən
212.	Serpiente	cascabel Rattlesnake	rát-l-snéik
213.	Salamandra	Salamander	sá-la-mán-der
214.	Guepardo	Cheetah	chí-ta
215.	Mapache	Raccoon	rá-kun

Español	**Inglés**	**Pronunciación**
Invertebrados	invertebrates	in-vur-tuh-breyts

216.	Mosca de la fruta	Fruit fly	frút flai
217.	Gusano de seda	Silkworm	silkwurm
218.	Estrella de mar	Starfish	stárfish
219.	Abeja	Bee	bi
220.	Ameba	Amoeba	amíba
221.	Medusa de caja	Box jellyfish	boks yélifish
222.	Polilla	Moth	moth
223.	Caracol	Snail	sneil
224.	Tijereta	Earwig	íiwig
225.	Lombriz de tierra	Earthworm	erthwurm
226.	Ciempiés venenoso	Poisonous centipede	póinəs séntipíd
227.	Medusa	Jellyfish	yélifish
228.	Araña	Spider	spáider
229.	Escorpión	Scorpion	skórpiən
230.	Pulpo	Octopus	óktuhpus
231.	Hormiga	Ant	ant
232.	Mariposa	Butterfly	báterflai

| 233. | Mosca | Fly | flai |
| 234. | Pulga | Flea | fli |

235.	Grillo	Cricket	kríket
236.	Chinche	Bedbug	bédbag
237.	Cangrejo ermitaño	Hermit crab	húrmit kráb
238.	Ciempiés	Centipede	séntipíd
239.	Estrella de mar	Starfish	stárfish
240.	Gusanos de tierra	Earthworms	erthwurmz
241.	Erizo de mar	Sea urchin	síiérchin
242.	Langosta	Lobster	lóbster
243.	Cucaracha	Cockroach	kókroach
244.	Almeja	Clam	klam

245.	Corales	Corals	kórəlz
246.	Gamba	Shrimp	shrimp
247.	Escarabajo	Beetle	bíitl
248.	Avispa	Wasp	wosp
249.	Babosa	Slug	slug
250.	Saltamontes	Grasshopper	gráshoper
251.	Sanguijuela	Leech	lich
252.	Mosquito	Mosquito	moskíito

Español	**Inglés**	**Pronunciación**
Reptiles	Reptiles	reptylz

253.	Serpiente	Snake	sneik
254.	Cocodrilo	Crocodile	krókodail
255.	Lagarto	Lizard	lízard
256.	Tortuga	Turtle	túrtl
257.	Pitón	Python	páithon
258.	Víbora de cascabel	Rattlesnake	rátelsnéik

259. Iguana	Iguana	iguána
260. Caimán	Caiman	cáiman
261. Boa	Boa constrictor	bóa kónstríkter
262. Víbora	Viper	váiper

263. Camaleón	Chameleon	kamélion
264. Geckos	Geckos	gékoz
265. Dragón de Komodo	Komodo dragon	kómodo drágon
266. Cobra	Cobra	cóbra
267. Rana de cristal	Glass frog	glás frog
268. Tortuga marina	Sea turtle	sí túrtl
269. Lagarto de collar	Collared lizard	kólerd lízard

270. Caimán negro	Black caiman	blak cáiman
271. Cocodrilo del Nilo	Nile crocodile	náil krókodail
272. Serpiente de cascabel	Diamondback rattlesnake	daimondbák rátelsnéik
273. Boa arcoíris	Rainbow boa	réinbou bóa
274. Dragón barbudo	Bearded dragon	bírdid drágon
275. Pitón real	Ball python	bol páithon

276. Lagarto espinoso	Thorny devil	tórni dével
277. Iguana del Caribe	Caribbean iguana	káribian iguána
278. Iguana marina	Marine iguana	marín iguána
279. Serpiente coral	Coral snake	kóral sneik
280. Boa constrictor común	Common boa constrictor	kómon bóa kónstríkter
281. Camaleón velado	Veiled chameleon	veild kamélion

282. Dragón volador	Flying dragon	fláiing drágon
283. Lagarto de fuego	Fire skink	fáier skink
284. Tortuga mordedora	Snapping turtle	snápin túrtl

Español	Inglés	Pronunciación
Profesiones	Occupations	Ok-yu-pey-shuns
285. Zoólogo/a	**Zoologist**	zúələgá
286. Vendedor/a	**Salesperson**	séilzperson
287. Vecino/a	**Neighbor**	Néibər
288. Tutor/a	**Tutor**	tútər
289. Recepcionista	**Receptionist**	risépshenist
290. Químico/a	**Chemist**	Kémist
291. Profesor/a	**Teacher**	Tíchər
292. Político/a	**Politician**	Polítishən
293. Piloto	**Pilot**	páilət
294. Persona	**Person**	Pérsən
295. Periodista	**Journalist**	dyornəlist
296. Peluquero/a	**Hairdresser**	Hérdresər
297. Padre/madre	**Parent**	pérent
298. Oficial de policía	**Police officer**	Pólis ófisər
299. Niño/a	**Child**	chaild
300. Niñera/o	**Babysitter**	béibisítər
301. Músico	**Musician**	Miúzíshən
302. Juez/a	**Judge**	dyadsh
303. Jefe/a	**Boss**	Bós
304. Invitado/a	**Guest**	guést
305. Investigador/a	**Researcher**	rísərtchər
306. Ingeniero/a	**Engineer**	ínyiníərə
307. Hombre	**Man**	Mán

308. Mujer	**Woman**	Wúmən
309. Humano	**Human**	Jiuman
310. Gerente	**Manager**	Mánəyər

311. Fotógrafo/a	**Photographer**	fourogrefer
312. Familia	**Family**	Fámili
313. Estudiante	**Student**	Stúdənt
314. Escritor/a	**Writer**	ráitər
315. Entrenador/a	**Coach**	Kóch

316. Enfermero/a	**Nurse**	nərs
317. Emprendedor/a	**Entrepreneur**	antrəprənúr
318. Empresario/a	**Businessperson**	bíznes person
319. Empleado/a	**Employee**	emplóii
320. Doctor/a	**Doctor**	dóktor

321. Director ejecutivo	**CEO**	síióu
322. Detective	**Detective**	Ditéktiv
323. Consultor/a	**Consultant**	kensúltənt
324. Colega	**Colleague**	kólig
325. Científico/a	**Scientist**	sáientist

326. Chef	**Chef**	shef
327. Cantante	**Singer**	Sínyər
328. Camarero/a	**Waiter/waitress**	wéitər/wéitris
329. Bombero/a	**Firefighter**	fáiər fáitər
330. Bibliotecario/a	**Librarian**	Láibréirien

331. Barista	**Barista**	bərísta
332. Azafata	**Flight attendant**	fláit ətendənt
333. Autor/a	**Author**	óudər
334. Atleta	**Athlete**	Átlit

335. Artista	**Artist**	ártist
336. Arquitecto/a	**Architect**	árkitɛkt
337. Amigo/a	**Friend**	Frénd
338. Actor	**Actor**	áktor
339. Actriz	**Actress**	áktris
340. Abogado/a	**Lawyer**	lóiər

Español	**Inglés**	**Pronunciación**
Sustantivo de lugar	Place noun	pleys noun
341. Ciudad	City	síti
342. Pueblo	Town	táun
343. Aldea	Village	vílyidch
344. País	Country	kúntri
345. Estado	State	stéit
346. Provincia	Province	próvins
347. Isla	Island	áilənd
348. Playa	Beach	bích
349. Bosque	Forest	fórist
350. Montaña	Mountain	máuntn
351. Cueva	Cave	kéiv
352. Colina	Hill	hil
353. Valle	Valley	váli
354. Océano	Ocean	óushən
355. Mar	Sea	sí
356. Desierto	Desert	dézərt
357. Río	River	rívər
358. Cañón	Canyon	kányion
359. Lago	Lake	léik
360. Glaciar	Glacier	gléishər

Español	Inglés	Pronunciación
Español	**Inglés**	**Pronunciación**
361. Selva	Jungle	janngl
362. Prado	Meadow	médəu
363. Llanura	Plain	pléin
364. Pradera	Prairie	préəri
365. Humedal	Wetland	wétlənd
366. Pantano	Swamp	swɑmp
367. Puerto	Harbor Port	jɑrbər pɔrt
368. Bahía	Bay	béi
369. Cascada	Waterfall	watərfɔl
370. Península	Peninsula	pènínslə
371. Capital	Capital	kapətl
372. Continente	Continent	kóntinənt
373. Región	Region	ríydyən
374. Condado	County	káunti
375. Distrito	District	dístrikt
376. Mercado	Market	márkit
377. Archipiélago	Archipelago	árkipéləgou
378. Barrio	Neighborhood	néibərhúd
379. Suburbio	Suburb	səberb
380. Plaza del pueblo	Town square	táun skwear
381. Jardín	Garden	gárdən
382. Granja	Farm	fɑrm
383. Rancho	Ranch	rántsh
384. Parque	Park	pɑrk
385. Huerto	Orchard	Ortshərd
386. Campo	Field	fíld
387. Llanura elevada	High plain	jái pléin
388. Meseta	Plateau	platóu
389. Cementerio	Cemetery	sémətéri

| 390. Cordillera | Mountain range | máuntən réindsh |

Español	Inglés	Pronunciación
391. Volcán	Volcano	volkənou
392. Arroyo	Stream-Brook	strím brúk
393. Estanque	Pond	pɑnd
394. Costa	Coast	kóust
395. Orilla	Shore	shoɔr
396. Litoral	Coastline	kóustláin
397. Golfo	Gulf	galf
398. Canal	Canal	kənál
399. Delta	Delta	déltə
400. Duna	Dune	djún
401. Oasis	Oasis	óueisís
402. Selva	Jungle	jungel
403. Bosque tropical	Tropical rainforest	trɑpikəl réinfɔ rəst
404. Sabana	Savanna	səvenə
405. Pradera	Meadow	médəu
406. Tundra	Tundra	tandrə
407. Humedal	Wetland	wétland
408. Pantano	Swamp	swɑmp
409. Centro comercial	Shopping center Mall	shopin center mel
410. Parque	Park	pɑrk
411. Calle	Street	strít
412. Avenida	Avenue	evəniu
413. Mercado	Market	márkit
414. Museo	Museum	Miuziam
415. Escuela	School	skúl

Español	Inglés	Pronunciación
416. Hospital	Hospital	jaspiral
417. Universidad	University	iúnəversəti
418. Biblioteca	Library	Láibrei

Español	**Inglés**	**Pronunciación**
419. Teatro	Theater	Tíater
420. Discoteca	Nightclub	Náitkláb
421. Estadio	Stadium	Stéidiəm
422. Gimnasio	Gymnasium	Yímnéisiam
423. Piscina	Pool	Pul
424. Restaurante	Restaurant	Réssterənt
425. Cafetería	Café	Káfei
426. Bar	Bar	Bár
427. Pista de patinaje sobre hielo	Ice skating rink	Áis skéiting rink
428. Estación de tren	Train station	Trein stéishən
429. Jardín botánico	Botanical garden	Botánical gárden
430. Edificio de oficinas	Office building	Ófis bílding
431. Tienda	Shop	Shop

432. Cine	Cinema	Sínama
433. Supermercado	Supermarket	Súpərmɑrkɪt
434. Farmacia	Pharmacy	Fármǝsi
435. Estación de autobús	Bus station	Bas stéishən
436. Aeropuerto	Airport	Éərport
437. Acuario	Aquarium	Akwérium
438. Parque de atracciones	Amusement park	Amiúsment park
439. Galería de arte	Art gallery	Art gálǝri
440. Estación de bicicletas compartidas	Bikesharing station	Báikshéring stéishon

441. Banco	Bank	Bánk

442.	Terminal de autobuses	Bus terminal	Bas términal
443.	Fuente	Fountain	Fáuntən
444.	Pista de baloncesto	Basketball court	Básketbol kort
445.	Plaza de toros	Bullring	Búlring
446.	Parque de perros	Dog park	Dóg párk
447.	Estación de bomberos	Fire station	Fáier stéishon
448.	Iglesia	Church	Chərch
449.	Mercado de agricultores	Farmer's market	Fármerz márkit

Español	**Inglés**	**Pronunciación**

450.	Feria	Fair	Fér
451.	Mercado de pulgas	Flea market	Flí márkit
452.	Palacio de gobierno	Government palace	Gávərnmənt páləs
453.	Catedral	Cathedral	Kéthidrəl
454.	Estación de metro	Subway station	Sábwey stéishon
455.	Torre	Tower	Táuər
456.	Centro de convenciones	Convention center	Konvénshən séntər
457.	Fuente luminosa	Light fountain	Láit fáuntən
458.	Estación de tren ligero	Light rail station	Láit réil stéishon
459.	Monumento	Monument	Mónyəmənt
460.	Mezquita	Mosque	Mosk

461.	Cine al aire libre	Open-air cinema	Óupən-ér sínəmə
462.	Jardín público	Public garden	Páblik gárdən
463.	Biblioteca pública	Public library	Páblik líbrcri
464.	Parque para niños	Playground	Pléyground
465.	Sala de conciertos	Concert hall	Kónsərt hól
	Comisaría de policía	Police station	Polís stéishon
466.	Oficina de correos	Post office	Póst ófis
467.	Pista de atletismo	Running track	Ránin trák
468.	Cementerio	Cemetery	Sémətéri

Español	Inglés	Pronunciación
469. Ayuntamiento	City hall	Síti jól
470. Zoológico	Zoo	Zú
471. Rascacielos	Skyscraper	Skáiskréiper
472. Campo de fútbol	Soccer field	Sóker fíld
473. Parada de taxis	Taxi stand	Táksi stánd
474. Templo	Temple	Témpl
475. Pista de tenis	Tennis court	Ténis kort
476. Sinagoga	Synagogue	Sínəgóg
477. Parque temático	Theme park	Tíem park
478. Mirador	Viewpoint	Víwpoint
479. Fuente de agua	Water fountain	Wótər fáuntən
480. Escultura	Sculpture	Skálpchər

Español   Inglés   Pronunciación

Familia	Family	femli
481. Yerno	Soninlaw	sohninlaw
482. Cuñada	Sisterinlaw	sisterinlaw
483. Madre	Mother	mader
484. Cuñado	Brotherinlaw	bruhtderinlaw
485. Bisabuela	Greatgrandmother	greytgranmader
486. Bisnieta	Greatgranddaughter	greytgrandauuwder
487. Padre	Father	fader
488. Hija	Daughter	dauwgder
489. Hijo	Son	sohn
490. Bisabuelo	Greatgrandfather	greytgranfader
491. Hermana	Sister	sister
492. Hermano	Brother	bruder
493. Abuela	Grandmother	granmadehr
494. Abuelo	Grandfather	granfadehr
495. Nieta	Granddaughter	grandagdehr
496. Nieto	Grandson	grandsohn
497. Tío	Uncle	uhngkuhl

498. Prima	Cousin	kuzuhn
499. Tía	Aunt	ahnt
500. Sobrina	Niece	neess
501. Masculino	male	meyl
502. Sobrino	Nephew	neffyoo
503. Suegra	Motherinlaw	maderinlauw
504. Femenino	female	femeyl
505. Primo	Cousin	kuzuhn
506.		
507. Esposo	Husband	josband
508. Suegro	Fatherinlaw	faderinlauw
509. Nuera	Daughterinlaw	dauwgderinlauw

Palabra español	palabra ingles	pronunciacion
510. Bisnieto	Greatgrandson	greytgransohn
511. Esposa	Wife	wuahyf
512. Bisnieto	Greatgrandnephew	greytgranneffyou
513. Padastro	Stepfather	stepfader
514. Hermanastra	Stepsister	stepsistehr
515. Bisnieta	Greatgrandniece	greytgranniiss
516. Hermanastro	Stepbrother	stepbruder
517. Madrastra	Stepmother	stepmoder
518. Medio hermano	Halfbrother	jalfbruder
519. Nietastro	Stepgrandson	stepgransohn
520. Medio hermana	Halfsister	jalfsistehr
521. Nietastra	Stepgranddaughter	stepgrandauwder
522. Suegrastra	Stepmotherinlaw	stepmoderrinlauw
523. Cuñadastra	Stepsisterinlaw	stepsistehrinlauw
524. Suegrostra	Stepfatherinlaw	stepfaderinlauw
525. Padre adoptivo	Adoptive father	uhdoptiv fader
526. Cuñadostra	Stepbrotherinlaw	stepbroderinlauw
527. Hija adoptiva	Adopted daughter	uhdoptid dauwder

528.	Madre adoptiva	Adoptive mother	uhdoptiv moder
529.	Hijastra	Stepdaughter	stepdauwter
530.	Tatarabuela	Greatgreat grandmother	greytgreytgranmoder
	Hijastro	Stepson	stepsahn
531.	Hijo adoptivo	Adopted son	uhdoptid sahn
532.	Tatarabuelo	Greatgreatgrandfather	greytgreytgranfader
533.	Tataranieto	reatgreatgrandson	greytgreytgransohn
534.	Tataranieta	Greatgreatgranddaughter	greytgreytgrandauwder

Español	**Inglés**	**Pronunciación**

Pronombres personales   personal pronouns   pehrsohnal prohnouns

535.	Yo	**I**	ái
536.	Tú	**You**	yu
537.	Él	**He**	ji
538.	Ella	**She**	shi
539.	Eso	**It**	it
540.	Usted	**You**	yoo
541.	Nosotroas	**We**	wi
542.	Ellosas	**They**	déi

543. Yo - Acabo de terminar de cocinar la cena. **I just finished cooking dinner.** Ai yust fínishd kúking dínner   .

544. Tú - Deberías visitar el museo. **You should visit the museum.** Yu shúd vízit de myúziam   .

545. Él - A él le gusta tocar la guitarra. **He likes to play the guitar.** Ji láiks tu pléi de gítar

546. Ella - A ella le gusta bailar salsa. **he enjoys dancing salsa.** Shi enyóis dánsing sálza

547. Eso - El libro está en la mesa, y es interesante. **The book is on the table, and it is interesting.** De búk is on de téibol, and it is íntresting

548. Nosotros - Vamos a la playa este fin de semana. **We are going to the beach this weekend.** Wi ar góing tu de bích dis wíkend

549. Ellos - Ellos plantaron árboles en el parque. **They planted trees in the park.** Déi plánted tríis in de park .

550. Mi, mis	**<u>My</u>**	mai
551. Tu, tus, su,sus – (singular)	**<u>Your</u>**	yor
552. Su,sus (para él)	**<u>His</u>**	jis
553. Su,sus -(para ella)	**<u>Her</u>**	jér
554. Su sus (para cosas o animales sin género)	**<u>Its</u>**	its
555. Nuestro/a, nuestros/as	**<u>Our</u>**	auer
556. Su,sus (para ellos/as)	**<u>Their</u>**	dér

557. Mi nave espacial es más rápida que la tuya. **My spaceship is faster than yours.** (Mai speissship is fáster dan yors).

558. Tu idea es intrigante, pero la nuestra es más práctica. **Your idea is intriguing, but ours is more practical.** (Yor áidea is intríging, bat auers is mor práktical).

559. Su varita mágica puede hacer trucos que la mía no puede. **His magic wand can perform tricks that mine cannot.** (Jis máyic wand can perform triks dat main kannot).

560. Sus habilidades para pintar son impresionantes, pero las nuestras están mejorando. **Her painting skills are impressive, but ours are improving.** (Jér péinting skils ar imprésiv, bat auers ar imprúving).

561. El gato encontró su juguete favorito escondido debajo de mi cama. **The cat found its favorite toy hidden under my bed.** (De kat fawnd its féivorit toí jídden ánder mai bed).

562. Nuestra casa es más grande que la de ellos. **Our house is bigger than theirs.** (Auer jaus is bigger dan deres).

563. Su gato es perezoso, mientras que el nuestro siempre está juguetón.
Their cat is lazy, while ours is always playful.   (Dér kat
is léisi, wail auers is olweiss pléiful).

564. El de ellos es un coche lujoso, pero el nuestro es más eficiente en
combustible. **Theirs is a luxurious car, but ours is more
fuelefficient.**   (Dérz is a luksúrius kar, bat auers is mor fiulefíshent).

565. A mí	**Me**	mi
566. Te, lo, la [A ti, usted]	**You**	yu
567. Le, lo [A él]	**Him**	jim
568. Le, la [A ella]	**Her**	jerr
569. Le, lo [A ello, A eso]	**It**	it
570. Nos [A nosotrosas]	**Us**	as
571. Los, las [A ustedes]	**You**	yu
572. Les, los [A ellos, ellas]	**Them**	dem

573. El profesor me elogió por mis buenas calificaciones.   **Me**
The teacher praised me for my good grades.   (da
ticher preist mi for mai gud greids).

574. Tú me contaste un secreto ayer.   **You**   **You told me a
secret yesterday.**   (Yu told mi a sícrit yestreday).

575. Lo vi en la fiesta anoche.   **Him**   **I saw him at the
party last night.**   (Ai so jim at de párti last nait).

576. Ella le dio a su madre un hermoso ramo de flores.   **Her**   **She
gave her mother a beautiful bouquet of flowers.**   (Shi geiv jerr
máder a biútiful bukét ov flauers).

577. El perro persiguió la pelota, y la trajo de vuelta hacia mí.   **It**
The dog chased the ball, and it brought it back to me.   (De
dog cheisd de bol, and it brot it bak tu mi).

578. Nos invitaron a unirnos a su equipo de fútbol.   **Us**   **They**
invited us to join their soccer team.   (Dey inváited as tu yoin der
sóker tim).

579. ¿Les preguntaste su opinión?   **You**   **Did you ask**
them for their opinion?   (Did yu ask dem for der opinyon?)

580. Les enviamos una nota de agradecimiento por su amable hospitalidad.
Them: **We sent them a thankyou note for their kind hospitality.**
(Wi sent dem a thangkyu nout for der kaind jospitálity).

Español	**Inglés**	**Pronunciación**
Pronombres reflexivos prohnouns	Reflexive pronouns	rifleksiv
581. Mí mismo/a	**Myself**	maiself
582. Tú mismo/a	**Yourself**	yórself
583. Él mismo	**Himself**	jimself
584. Ella misma	**Herself**	jérself
585. Sí mismo/a (para cosas o animales)	**Itself**	itsélf
586. Nosotros/as mismos/as	**Ourselves**	ourselvs
587. Ellos/as mismos/as	**Themselves**	themesélvz

588. Me recordé a mí mismo mantener la calma durante la presentación.   **I
reminded myself to stay calm during the presentation.**
(Ai rimáindid maisélf tu stéi kám dúring de présenteishon)

589. Necesitas cuidarte a ti mismo/a antes de ayudar a otros.
You need to take care of yourself before helping others.
(Yú níd tu téik kér ov yórsélf bifór jelping ódərs).

590. Juan se desafió a sí mismo para correr un maratón.
John challenged himself to run a marathon.
(Yon chalendchd jimsélf tu rán ə mérətdón).

591. María se felicitó a sí misma por completar la tarea difícil.
Mary congratulated herself for completing the difficult task.
(Meri kongráchuleitid jérself for komplíting de dífikəlt tɑsk).

592. La computadora se apagó automáticamente para evitar el
sobrecalentamiento.   **The computer automatically shut itself down
to prevent overheating.**   (da kompyuter awtomátikaly shat itsélf
daun tu privént overjítin)

593. Nosotros nos prometimos a nosotros mismos trabajar más duro y alcanzar
nuestras metas.   **We promised ourselves to
work harder and achieve our goals.**
(Wui promaisd óurselvs tu wərk jarder and achiev aur góls).

594. No olviden disfrutarse a ustedes mismos en la fiesta esta noche.
Don't forget to enjoy yourselves at the party tonight.
(Dont forget tu enyoy yorsélvz at da pári tonáit).

595. Los niños organizaron el evento por sí mismos.
The children organized the event all by themselves.
(Di chíldren órganáizd dhi ivént ól bái themesélvz).

596.	Quiénquienes	**Who**	ju
597.	A quién	**Whom**	júm
598.	De quien	**Whose**	juuz
599.	Que, cual/cuales se refiere a cosas o animales	**Which**	guich
600.	Que, cual/cuales se refiere a personas o cosas	**That**	dat

> - That y which. ¿Cuándo usarlos? Si es esencial para el significado de la oración, se utiliza **"that"**. Si proporciona información adicional pero no es esencial, se utiliza **"which"**.

601. La persona que ganó la carrera estableció un nuevo récord. **The person who won the race set a new record.** (De pérson ju wán de réis set a niu rékord).

602. El hombre a quien conocí en la conferencia es un científico de renombre. **The man whom I met at the conference is a renowned scientist.** (De mán jú m ái met at de kónferenss is a rináund sáientist).

603. El artista cuyas pinturas se exhiben en la galería es muy talentoso. **The artist whose paintings are displayed in the gallery is very talented.** (De ártist juuz péintings ar displéid in de gáleri is véri tálented).

604. El coche que estaba estacionado frente a la casa pertenece a mi vecino. **The car which was parked in front of the house belongs to my neighbor.** (De kár guich woz párkt in frónt of de jáus bilóngs tu mái néibor).

605. La película que vimos anoche fue increíblemente entretenida. **The movie that we watched last night was incredibly entertaining.** (De múvi dat wi wócht lást náit woz inkrédibli entértéinin).

606. Cualquier restaurante que elijas, estoy seguro de que la comida será deliciosa. **Whichever restaurant you choose, I'm sure the food will be**

delicious.   (Juíchevor réstorant yu chús, áim shúr de fud wil bi
delíshes).

607. Cualquier libro que recomiendes, lo probaré.   **Whatever
book you recommend, I'll give it a try.**   (Wótever buk yu
rekoménd, áil giv it a trái).

608. El lugar donde nos conocimos por primera vez ahora es un café popular.
The place where we first met is now a popular café.   (De
pléis juér wi férst met is náu a pópyular kaféi).

609. Todavía recuerdo el día en que fuimos en esa emocionante aventura.
I still remember the day when we went on that exciting adventure.
(Ai stíl rimémber de déi juén wi wént on dat exsáiting advénchur)

.

Pronombres demostrativos   Demonstrative pronouns
deemonstraytiv prohnouns

610. Esto, este, esta	**This**	dis
611. Ese, eso, esa	**That**	dát
612. Estos, estas	**These**	dees
613. Esos, esas	**Those**	dous

614. ¿Es esta tu pluma? No, la mía es la que está en la mesa.   **Is this
your pen? No, mine is the one on the table.**   (Is dis yor pen?
Nóu, máin is de wán on de téibl).

615. Ese es mi cuadro favorito en la galería de arte Zuly.   **That is my
favorite painting in the Zuly art gallery.**   (Dát is mai féivorit
péinting in de Zuli árt gálery)

616. Estas galletas de chocolate están deliciosas, pero aquellas son aún mejores.
These chocolate cookies are delicious, but those are even better.
(Díis chokolet kukis ar délishes, bat doz ar íven béter).

617. Esos son los libros que saqué prestados de la biblioteca, ayer.
Those are the books I borrowed from the library yesterday.
(Dous ar de buks ai bórroud from de láibrori iesterday)

- Las palaras "This" y "these" se utilizan para objetos cercanos.
- Mientras que "That" y "those" se usan para objetos más distantes.

Español	Inglés	Pronunciación

Pronombres interrogativos
interoguhtiv prohnouns

Interrogative pronouns

Español	Inglés	Pronunciación
618. Quién	**Who**	ju
619. A quién	**Whom**	júm
620. De quién	**Whose**	juz
621. Cuálcuáles	**Which**	guic
622. Qué	**What**	wuat

623. ¿Quién viene a la fiesta esta noche? **Who is coming to the party tonight?** (Ju is káming tu de párti tónait).

624. ¿A quién le diste el regalo? **To whom did you give the present?** (Tu júm did yu giv de prízent).

625. ¿De quién es el coche estacionado frente a la casa? **Whose car is parked in front of the house?** (Juz kár is párkt in frónt of de jáus).

626. ¿Qué libro quieres leer? **Which book do you want to read?** (guích buk du yu wánt tu ríd).

627. ¿Cuál es tu color favorito? **What is your favorite color?** (Wuát is yor féivorit kálor).

Español	Inglés	Pronunciación
Verbos	Verbs	Verbs
628. Adorar	**Worship**	Wérship
629. Aprender	**Learn**	Lérn
630. Aplaudir	**Applaud**	Aplód
631. Cocinar	**Cook**	Kúk
632. Barrer	**Sweep**	Swíp
633. Bailar	**Dance**	Dáns
634. Bromear	**Joke**	Yóuk
635. Ayudar	**Help**	Jélp
636. Beber	**Drink**	Drink
637. Buscar	**SearchLook for**	SérchLuk for
638. Caer	**Fall**	Fól
639. Cantar	**Sing**	Sing
640. Cubrir	Cover	Kávər

Español	Inglés	Pronunciación
641. Comer	Eat	It
642. Cortar	Cut	Kát
643. Comprar	Buy	Bái
644. Crear	Create	Kriéit
645. Conducir-Manejar	Drive-Handle	Dráiv-Hándəl

646.	Casarse	Get married	Guét mérid
647.	Conocer	Know	Nóu
648.	Cerrar	Close	Klóus
649.	Describir	Describe	Diskráib
650.	Calcular	Calculate	Kálkyléit
651.	Convertirse en	Become	Bikám

652.	Cuidar	Take care of	Téik kéer óv
653.	Correr	Run	Rán
654.	Creer	Believe	Bilív
655.	Dar	Give	Gív
656.	Danzar	Dance	Dáns
657.	Decir	Say	Séi
658.	Ducharse	Shower	Sháuer
659.	Dibujar	Draw	Dró
660.	Desayunar	Have breakfast	Jáv brékfəst
661.	Dormir	Sleep	Slíp

662.	Descansar	Rest	Rést
663.	Empezar	Begin	Bigín
664.	Comenzar	Start	Stárt
665.	Estudiar	Study	Stádi
666.	Encontrar	Find	Fáind
667.	Esperar	Wait	Weít
668.	Esperar (esperanza)	Hope	Jóup
669.	Estacionar	Park	Párk
670.	Enseñar	Teach	Tích
671.	Elegir	Choose	Chúz

Español	**Inglés**	**Pronunciación**
672. Entender	Understand	Andərstánd
673. Enamorar	fall in love	fól in lóv
674. Estirar	Stretch	Strétch
675. Guardar	Save	Séiv

676.	Escuchar	Listen	Lísn
677.	Estar de pie	Stand	Stánd
678.	Entregar	Deliver	Dəlívər
679.	Flotar	Float	Flóut
680.	Escribir	Write	Ráit
681.	Ganar	Win	Guín

682.	Hervir	Boil	Bóil
683.	Hablar	TalkSpeak	TókSpík
684.	Hacer	Make	Méik
685.	Girar	Turn	Kənvərt
686.	Humillar	Humiliate	Júmíliét
687.	Heredar	Inherit	Inhérit
688.	Iniciar	IStart	Stárt
689.	Hacer	Make	Méik
690.	Hornear	Bake	Béik
691.	Habitar	Inhabit	Injábít

692.	Llorar	Cry	Krái
693.	Ir	Go	Góu
694.	Ignorar	Ignore	Ignór
695.	Irse-Dejar	Leave	Lív
696.	Inyectar	Inject	Inyékt
697.	Jugar	Play	Pléi
698.	Leer	Read	Ríd
699.	Investigar	Investigate	Invéstégét
700.	Lamentar	Regret	Rigrét
701.	Cargar	Carry	Kér
702.	Lograr	Achieve	Achív

Español	**Inglés**	**Pronunciación**
703. Llevar, Ponerse ropa	Wear-Put on clothes	WéarPút ón clóudz
704. Llamar	Call	Kól
705. Limpiar	Clean	Klín

Español	Inglés	Pronunciación
706. Localizar	Locate	Lóukéit
707. Mantener	Maintain	Méntéin
708. Narrar	Narrate	Néiréit
709. Maldecir	Curse	Kérs
710. Mirar intencionalmente algo.	Look	Lúk * Mirar
711. Mirar desarrollando. Como mirando películas.	Watch	Wátch* se usa cuando algo se está
712. Ver	See	Sí *Mirar en general
713. Montar	Ride	Ráid
714. Manipular	Manipulate	Manipiuléit
715. Mostrar	Show	Shóu
716. Poner	Put	Pút
717. Ocurrir	Happen	Hápən
718. Morder	Bite	Báit
719. Mover	Move	Múv
720. Nacer	Be born	Bí bór
721. Nadar	Swim	Swím
722. Negociar	Negotiate	Negoshiéit
723. Obtener	ObtainGet	ObtéinGét
724. Necesitar	Need	Níd
725. Obedecer	Obey	Obéi
726. Oír	Hear	Hír
727. Parecer	Seem	Sím
728. Pensar	Think	Thínk
729. Ocupar	Occupy	Ókjupaí
730. Prometer	Promise	Prámis
731. Peinar	Comb	Kóum
732. Plantar	Plant	Plánt
733. Pesar	Weigh	Wéi
734. Perder	Lose	Lús
735. Permitir	Permit	Permít
Español	**Inglés**	**Pronunciación**
736. Opinar	Give an opinion	Gív én ópíniən

Español	Inglés	Pronunciación
737. Dejar	Allow	Alóu
738. Pintar	Paint	Péint
739. Proteger	Protect	Prətékt
740. Pedir	Request	Rikwést
741. Colocar	Place	Pléis
742. Publicar	Publish	Páblish
743. Preguntar	Ask	Ask

Español	Inglés	Pronunciación
744. Proveer	Provide	Prəváid
745. Tirar	Throw	Thróu
746. Suspirar	Sigh	Saí
747. Quebrar	Break	Brék
748. Saber-Conocer	Know	Nóu
749. Partir	Split	Spɪt
750. Querer/Desear	Want/Desire	Wónt Dizáiər
751. Sentir	Feel	Fíl
752. Silbar	Whistle	Wísəl
753. Sentarse	Sit	Sít
754. Reír	Laugh	Láf
755. Ser	Be	Bí
756. Seguir	Follow	Fálóu
757. Significar	Mean	min
758. Trabajar	Work	Wərk
759. Sostener-Agarrar	Hold-Grab	Hóuld-Gráb
760. Sonreír	Smile	Smáil
761. Sufrir	Suffer	Sáfər
762. Sentir	Feel	Fíl
763. Saltar	Jump	Yámp
764. Robar	Steal	Stíl
765. Sumar	Add	Éd
766. Soñar	Dream	Drím

767. Vencer	Overcome	Óuvər kám
768. Tejer	Knit	Nít
769. Terminar	Finish	Fínish
770. Tomar	Take	Téik
771. Surfear	Surf	Sərf
772. Tener	Have	Háv
773. Vomitar	Vomit	Vómit

774. Valorar	Appreciate	Apríshíet
775. Traducir	Translate	Trænsléit
776. Subir Levantarse	Get up	Gét áp
777. Vivir	Live	Lív
778. Volar	Fly	Flá
779. Toser	Cough	Kóf
780. Vestir	Dress	Drés
781. Traer	Bring	Bríng
782. Visitar	Visit	Vízít
783. Ver	See	Sí
784. Vender	Sell	Sél
785. Usar	Use	Yús
786. Venir	Come	Kám

Español	**Inglés**	**Pronunciación**
Adjetivos	Adjetives	ADjektivz
787. Feliz	Happy	Japi
788. Hermoso/a	Beautiful	Biútiful
789. Grande	Big	Big
790. Malo/a	Bad	Bad
791. Valiente	Brave	Breiv
792. Alto	Tall	Tol
793. Bajo	Short	Short
794. Feo/a	Ugly	Agli

Español	Inglés	Pronunciación
795. Pequeño/a	Small	Smol
796. Ambicioso/a	Ambitious	Ambíshəs
797. Egoísta	Selfish	Sélfish
798. Ruidoso/a	Noisy	Nóisi
799. Triste	Sad	Sad
800. Tonto/a	Foolish	Fulish
801. Generoso/a	Generous	Yenərəs
802. Serio/a	Serious	Sirius
803. Cobarde	Cowardly	Cáurdli
804. Amable	Kind	Kaind
805. Inteligente	Intelligent	Intélidchent
806. Honesto/a	Honest	Ónist
807. Educado/a	Polite	Poláit
808. Tímido/a	Shy	Shái
809. Gracioso/a	Funny	Fani
810. Paciente	Patient	Péishent
811. Torpe	Clumsy	Klámsi
812. Deshonesto/a	Dishonest	Disónist
813. Grosero/a	Rude	Rúd
814. Extrovertido/a	Outgoing	Áutgóuin
815. Sincero/a	Sincere	Sínsir
816. Contento/a	Happy	Japi
817. Tranquilo/a	Calm	Cám
818. Leal	Loyal	Lóial
819. **Español**	**Inglés**	**Pronunciación**
820. Astuto/a	Cunning	Káning
821. Tranquilo/a	Calm	Cám
822. Enojado/a	Angry	Ángri
823. Infiel	Unfaithful	Anféiful
824. Bonito/a	Pretty	Príti
825. Seguro/a de sí mismo/a	Selfconfident	Sélfkónfidənt
826. Inseguro/a	Insecure	Insikúr
827. Trabajador/a	Hardworking	Járdwúrkin

| 828. Sabio/a | Wise | Wáiz |

829. **Español**	**Inglés**	**Pronunciación**
830. Sin talento	Untalented	Antálented
831. Perezoso/a	Lazy	Léisi
832. Aburrido/a	Bored	Bórd
833. Enérgico/a	Energetic	Enerdchétic
834. Rápido/a	Fast	Fást
835. Envidioso/a	Envious	Énvies
836. Emocionado/a	Excited	Ecsáited
837. Impaciente	Impatient	Impéishent
838. Guapo (para hombres)	Handsome	Hánsəm

839. **Español**	**Inglés**	**Pronunciación**
840. Asustado/a	Scared	Skerd
841. Fuerte	Strong	Stróng
842. Frío/a	Cold	Kóuld
843. Bonita (para mujeres)	Pretty	Príti
844. Cálido/a	Warm	Wórm
845. Caliente	Hot	Jót
846. Lento/a	Slow	Slóu
847. Compasivo/a	Compassionate	Compéishənət
848. Molesto/a	Annoyed	Anóid
849. Cansado/a	Tired	Táierd

850. Cruel	Cruel	Crúel
851. Indiferente	Indifferent	Indífrənt
852. Insensible	Insensitive	Insénsitiv
853. Amigable	Friendly	Fréndli
854. Sensible	Sensitive	Sénsitiv
855. Fresco/a	Cool	Kúl
856. Necio/a	Foolish	Fúlish
857. Talentoso/a	Talented	Tálented
858. Poco amigable	Unfriendly	Anfréndli
859. Agradecido/a	Grateful	Gréitful

860.	Débil	Weak	Wík

Español	**Inglés**	**Pronunciación**
Adverbio	Adverbs	advurbs
861. Descuidadamente	Carelessly	Kéhrlisli
862. Obviamente	Nearly	Néhrli
863. Rápidamente	Quickly	Kwikli
864. Silenciosamente	Quietly	Kwaietli
865. Ruidosamente	Loudly	Láudli
866. Bien	Well	Wel
867. Naturalmente	Clearly	Klírli
868. Cuidadosamente	Carefully	Kéhrfulli
869. Virtualmente	Uniquely	Yoonéekli
870. Felizmente	Happily	Jáplii
871. Entonces	Then	Dhen
872. Completamente	Completely	Kuhmpleetlii
873. Ya	Simply	Símpli
874. Frecuentemente	Frequently	Fríkwuntlii
875. Pronto	Soon	Sún
876. Parcialmente	Partly	Pártlii
877. Particularmente	Particularly	Pahrtíkyoolerlii
878. Ahora	Now	Náu
879. Verdaderamente	Truly	Trúli
880. Allí	There	Déhr
881. Nunca	Never	Néver
882. A menudo	Often	ófen
883. Muy	Very	Véhrii
884. Realmente	Really	Rílii

885.	Raramente	Rarely	Réhrli
886.	Silenciosamente	Suddenly	Súddenlii
887.	Hoy	Today	Tudei
888.	A veces	Sometimes	Sámtahymz
889.	Particularmente	Obviously	óbveeuslii
890.	Aquí	Here	Jir

	Español	**Inglés**	**Pronunciación**
891.	Ayer	Yesterday	Yésterdei
892.	Lentamente	Slowly	Slohlii
893.	Mañana	Tomorrow	Tohmórow
894.	Casi	Almost	ólmost
895.	Absolutamente	Surely	Shúrlii
896.	Ansiosamente	Anxiously	Ángkshuslii
897.	Apenas	Hardly	Járdlii
898.	Quizás, tal vez	Maybe	Méybi
899.	A menudo	Often	óften

900.	Gradualmente	Gradually	Grájooallii
901.	Completamente	Completely	Kuhmpleetlii
902.	Siempre	Always	Olweys
903.	Claramente	Honestly	Onestlii
904.	Silenciosamente	Quietly	Kwáietlii
905.	Sin embargo	However	However
906.	Cuidadosamente	Carefully	Kéhrfullii

907.	**Español**	**Inglés**	**Pronunciación**
908.	Rapidamente	Quickly	Kwiklii
909.	Abundantemente	Richly	Ríchlii

	Español	Inglés	Pronunciación
910.	Ocasionalmente	Occasionally	Okéizhuhnulii
911.	Gravemente	Badly	Bádlii
912.	Tristemente	Sadly	Sádlii
913.	Repentinamente	Instead	Instéd
914.	Completamente	Totally	Tótallii
915.	Escasamente	Barely	Bérlii
916.	Completamente	Fully	Fúllii
917.	Totalmente	Entirely	Entáierlii
918.	Fácilmente	Easily	Isilii
919.	Sinceramente	Sincerely	Sinseerlii
920.	En consecuencia	Accordingly	Ahkórdingli
921.	En resumen	Briefly	Bríeflii
922.	Felizmente	Happily	Jáplii
923.	Sabiamente	Wisely	Wáizli
924.	Claramente	Clearly	Klírli
925.	Amablemente	Kindly	Káyndli
926.	Sin embargo	Already	Olrédy
927.	Fácilmente	Easily	Isili
928.	Completamente	Utterly	Áterli
929.	Virtualmente	Virtually	Vérchuli
930.	Francamente	Frankly	Fránkli
931.	Simplemente	Simply	Símpli
932.	Generalmente	Generally	Yénerli
933.	Mayormente	Largely	Lárjli
934.	Increíblemente	Incredibly	Inkrédibli

	Español	**Inglés**	**Pronunciación**
935.			

936. Artículo definido Definite Article Dihfuhnit hrtikuhl

937. La palabra: **"The"** (de). "el" "la" "los" "las" se utiliza para referirse a algo que es específico o ya conocido.

938. El gato persiguió una mariposa azul en el jardín. **The cat chased a Blue butterfly in the garden.** (De kat cheist a Blú báterflai in de gárden.)

939. Los estudiantes esperaban ansiosamente que el profesor anunciara los resultados del examen. **The students eagerly waited for the teacher to announce the results of the spanish exam.** (De students ígarlee wéited for de tícher tu anáuns de rizults of de spánish éxam).

940. Artículos indefinidos Indefinite Articles Indifinit Ahrtikuls

941. La palabra: **"A"** a "un" "una" se utiliza antes de palabras que comienzan con consonante o con sonido de consonante.

942. Miré una abeja ayer. **I saw a bee yesterday.** (Ai saw a bi yésterdei).

943. Sherlin Tiene una gata negra. **Sherlyn has a black cat.** (Sherlin jas a blak kat).

944. La palabra: **"An"** (an) "un" "una" se utiliza antes de palabras que comienzan con vocal o con sonido de vocal.

945. Lily es una actriz **Lily is an actress** (Líli is an áktres).

946. Mi tio es un hombre honesto. **My uncle is an honest man.** (Mai ánkel is an ónest mán).

947. **Español**   **Inglés**
    Pronunciación

	Preposicion	Prepositions	Preepuhzishuhnz
948.	sobre, por encima de,	above	uhbuhv
949.	al otro lado de	across	uhkraws
950.	después de	after	after
951.	a lo largo de	along	uhlawng
952.	en medio de, entre	amid- amidst	uhmid uhmidst
953.	alrededor de	around	uhround
954.	como, en calidad de	as	az
955.	en, a, junto a	at	at
956.	antes de	before	bihfohr
957.	detrás de	behind	bihhaynd
958.	debajo de, por debajo de	below	bihlouh
959.	debajo de	beneath	bihneeth
960.	al lado de	beside	bihsahyd
961.	entre	between	bihtween
962.	más allá de, fuera de	beyond	bihyond
963.	pero	but	buht
964.	junto a, por	by	bahy
965.	sobre, acerca de	concerning- about	kuhnsurning uhbout
966.	teniendo en cuenta	considering	kuhnsidering
967.	a pesar de	despite in spite of	dihspahyt in spahyt of

	Español	**Inglés**	**Pronunciación**
969.	hacia abajo	down	doun
970.	durante	during	dooring
971.	excepto	except	iksept
972.	para	for	for
973.	desde	from	from
974.	dentro de, en	in	in
975.	dentro	deinside	insahyd
976.	dentro de, en	into	intoo

968.

977. La palabra"in" se refiere a estar dentro de un lugar, pero sin movimiento específico hacia dentro.

978. La palabra "into"se refiere a que implica movimiento o dirección hacia el interior de algo.

Español	Inglés	Pronunciación
979. como	like	laik
980. cerca de	near	niir
981. fuera de	off	awf
982. de	of	uhv
983. sobre, encima de	onto	ontoo
984. en, sobre, encendido	on	on
985. afuera de, fuera de	outside	outsahyd
986. fuera de	out	ou
987. pasando	past	past
988. sobre, encima de	over	ohver

989. **Español**	**Inglés**	**Pronunciación**
990. alrededor de	round	round
991. con respecto a	regarding	rigahrding
992. a través de, por	through	throo
993. desde	since	sins
994. hasta	until	until
995. a lo largo de	throughout	throoout
996. hacia	until	uhntil
997. hacia, a	to	too
998. hacia	toward	tawrd
999. debajo de	under	ahnder

Español	Inglés	Pronunciación
1000. por debajo, debajo de	underneath	uhnderneeth
1001. hasta	unto	uhntoo
1002. hacia arriba	up	uhp
1003. encima de, sobre	upon	uhpon
1004. con	with	with
1005. dentro de	within	within
1006. sin	without	without

1007. **Español**	**Inglés**	**Pronunciación**

Partes de la casa	Parts of the house	Parts of de jaus
1008. Vestíbulo	Foyer	Fóyer
1009. Ventana	Window	Wíndoh
1010. Techo	Roof	Rúf
1011. Piso	Floor	Flór
1012. Sótano	Basement	Béysment
1013. Sala de estar	Family room	Fámilee rúm
1014. Sala	Living room	Líving rúm
1015. Puerta	Door	Dór
1016. Pasillo	Hallway	Hól way
1017. Pared	Wall	Wól
1018. Taller	Workshop	Wúrkshop
1019. Jardín Patio	Garden	Gárdn
1020. Armario	Closet	Klóset
1021. Habitación- Dormitorio-Cuarto	Bedroom	Bédroom
1022. Garaje	Garage	Gárij
1023. Escritorio	Office Study	Áfis Stúdi
1024. Escalera	Staircase Stairs	Stérkays Stérs
1025. Despensa	Pantry	Pántri
1026. Gimnasio	Gym	Yim
1027. Cuarto de lavado	Laundry room	Lóndree rúm
1028. Biblioteca	Library	Láybrerii
1029. Cuarto de baño	Powder room Halfbath	Páwder rúm Háfbath
1030. Comedor	Dining room	Dáyning rúm
1031. Cuarto de juegos	Playroom	Pléyrúm
1032. Cocina	Kitchen	Kíchen
1033. Chimenea	Fireplace	Fáyerpleys
1034. Bodega	Cellar Wine	Séler Wain
1035. Baño	Bathroom	Báthroom
1036. Balcón - Terraza	Balcony -Terrace	Bálkuhnee - Téris
1037. Ático	Attic	Átik
1038. **Español**	**Inglés**	**Pronunciación**

1039. ¿Cuál?	Which	Wích
1040. ¿A quién?	Whom	Júm
1041. ¿De quién?	Whose	Jús
1042. ¿Qué?	What	Wát
1043. ¿Quién?	Who	Ju
1044. ¿Dónde?	Where	Wéar
1045. ¿Cómo?	How	Jáu
1046. ¿Cuándo?	When	Wén
1047. ¿Por qué?	Why	Wái

1048. En inglés al formular una pregunta, únicamente se usará el signo de interrogación al finalizar la pregunta. **?**

1049. ¿Cuál de estas plumas te gustó más? **Which of these pens did you like the most?** (Wích óv dísiz pens did yu laik de móust?)

1050. ¿A quién le escribiste esa carta de agradecimiento? **Whom did you write that thankyou letter to?** (Júm did yu rait dat zéngkiú léter tu?)

1051. ¿De quién es este teléfono que encontraste? **Whose phone did you find?** (Jús fóun did yu fáind?)

1052. ¿Qué película quieres ver esta noche? **What movie do you want to watch tonight?** (Wát móvi du yu wánt tu wách tónait?)

1053. ¿Quién está organizando la fiesta de cumpleaños? **Who is organizing the birthday party?** (Ju is órganáizing de bérzdei párti?)

1054. ¿Dónde encontraste las llaves del coche/carro/auto? **Where did you find the car keys?** (Wér did yu fáind de kár kíz?)

1055. ¿Cómo se prepara esta receta de pastel de chocolate blanco?   **How do you prepare this white chocolate cake recipe?**   (Jáu du yu pripéer dis wuait chókolit kéik résipi?)

1056. ¿Cuándo llegará el paquete que pedí por internet?   **When will the package I ordered online arrive?**   (Wén wil de páckidch ái órderd ónlain áráiv?)

1057. ¿Por qué decidiste cambiar de carrera ahora?   **Why did you decide to change careers now?**   (Wái did yu disáid tu cheinsh kárirs naou?)

1058. ¿Cómo llego a la gasolinera?   **How do I get to gas station?**   (Jau du ái guét tu gas steishion?)

1059. ¿Puede ayudarme?   **Can you help me?**   (Kán yú jélp mí?)

1060. ¿Hay alguna gasolinera cercana?   **Is there a gas station nearby?**   (Is dér a gás stéishon níarbái?)

1061. ¿Dónde está mi escuela?   **Where is my school?**   (Wér is mai skól?)

1062. ¿Cuál es la forma más rápida de llegar al Mío Restaurante?   **What is the fastest way to get to Mío Restaurant?**   (Wát is de fástest wéi tu guét tu mio restaurant?)

1063. ¿Podría escribirlo, por favor?   **Could you write it down, please?**   (9Kúd yú ráit it dáun, plís?)

1064. ¿Cuántas cuadrasmanzanas hay hasta mi casa?   **How many blocks are there to my house?**   (Jau méni blóks ár dér tu may jaus?)

1065. ¿Hay un cajero automático por aquí?   **Is there an ATM around here?**   (Is dér an étiém áraund jír?)

1066. ¿Cuánto tiempo se tarda en llegar al parque palm?   **How long
does it take to get to Palma Park?**   (Jau lóng dáz it téik tu
guét tu palm park?)

1067. ¿Dónde puedo encontrar un supermercado?   **Where can I
find a supermarket?**   (Wér kán ái fáind a
súpermárket?)

1068. ¿Hay alguna parada de autobús cerca?   **Is there a bus stop
nearby?**   (sábwei stóp níarbái?)

1069. ¿Se puede ir a pie?   **Can I go on foot?**   (Kán
ái gou on fut?)

1070. ¿Cuál es la forma más económica de llegar al hospital?   **What is
the most economical way to get to Hospital?**   (Wát is de
móust ikonómikal wéi tu guét tu jospital?)

1071. ¿Qué tan lejos está tu casa?   **How far is your house?**   (Jau fár is
your jaus?)

1072. **Español**	**Inglés**	**Pronunciación**
1073. Dirección	**Address**	Ádres
1074. Calle	**Street**	Strít
1075. Camino	**Way**	Wéi
1076. Cerca de	**Near**	Níar
1077. Cruce	**Intersection**	Íntərsékshən
1078. Este	**East**	Ist
1079. Al lado de	**Next to**	Néxt tu
1080. Derecha	**Right**	Ráit
1081. ¿Queda lejos?	**Is it far from?**	Is it fár from?
1082. Carrera	**Road**	Roud
1083. Avenida	**Avenue**	Ávəniu

1084. ¿Cómo regreso al punto de partida?   **How do I get back to the starting point?**   (Jau du ái guét bák tu de stártin póint?)

1085. Estoy buscando la estación de autobús   **I am looking for the bus station**   (Ái ám lúkin for de bós stéishən)

1086. Ella esta buscando la salida   **She is looking for the exit**   (shi is lúkin for de égzit)

1087. Estamos buscando un hotel   **We are looking for a hotel**   (gui ar lúkin for a jótel)

1088. **Español**	**Inglés**	**Pronunciación**
1089. Cruce de peatones	**Pedestrian crossing**	Pedéstrian krósing
1090. Estoy perdido/a	**I am lost**	Ái ám lost
1091. GPS	**GPS**	Yípies
1092. Número	**Number**	Námbər
1093. Izquierda	**Left**	Léft
1094. Lejos de	**Far from**	Fár from
1095. Esquina	**Corner**	Kórnər
1096. Mapa	**Map**	Mæp

1097. No encuentro la estacion de autobeses   **I can't find the bus station**   (Ái kánt fáind de bassteishion)

1098. Norte   **North**   Nórz

1099. Estoy buscando el zologico   **I am looking for the zoo.**   (Ái ám lúkin for de zó)

1100. Oeste   **West**   (Wést)

1101. Semaforo peatonal   **Pedestrian signal crosswalk light**   (Pedéstrian sígnəlkróswók láit)

1102. Perdón, no soy de aquí   **Excuse me, I'm not from here**   (Ekskiúsmí, áim not from hjír).

Español	Inglés	Pronunciación
1103. Glorieta	**Roundabout**	Ráundabáut
1104. Semáforo	**Traffic light**	Tráfik láit
1105. Sur	**South**	Sáuz
1106. De nada	**You're welcome**	Yur wélkəm
1107. ¿Podría repetirlo, por favor?	**Could you repeat that, please?**	(Kúd yú ripít dat, plís?)

1108. **Español**	**Inglés**	**Pronunciación**
Frutas y Verduras	Fruits and vegetables	frut end veish eibol
1109. Zanahoria	**Carrot**	Cárot
1110. Zacate	**Grass**	Gras
1111. Yuca mandioca	**Cassava**	Cassava
1112. Papas	Potatoes	Potéitos
1113. verdolaga	**Purslane**	Perslane
1114. Uva	**Grape**	Greip
1115. Trigo	**Wheat**	Uíit
1116. Perejil	Parsley	Pársli
1117. Toronjil	**Lemon balm**	Lemón bom
1118. Toronja	**Grapefruit**	Greipfrut
1119. Tomillo	**Thyme**	Táim
1120. Tomate	Tomato	Toméirou
1121. Tamarindo	Tamarind	Támarind
1122. Sandía	Watermelon	Uátermelon

Español	Inglés	Pronunciación
1123. Sal	Salt	Solt
1124. Romanesco	Romanesco broccoli	Romanésco brócoli
1125. Remolacha - betabel	Beetroot	Bíitrut
1126. Pitahaya	Dragon fruit	Drágon frút
1127. Rambután	Rambutan	Rambután
1128. Radicchio	Radicchio	Radíkio
1129. Rábano	Radish	Rádish
1130. Quelite	Quelite	Kélait

1131. **Español**	**Inglés**	**Pronunciación**
1132. Puerro	Leek	Lík
1133. Plátano	Banana	Banana
1134. piztacho	Pistachio	Pistáchou
1135. Piña	Pineapple	Páinepl
1136. Pimiento de padrón	Padrón pepper	Pádrón péper
1137. Pimiento	Bell pepper	Bel péper
1138. Pimienta	Pepper	Péper
1139. Persimo	Persimmon	Pérsimon

Español	Inglés	Pronunciación
1140. Pera	Pear	Pér
1141. Pepino dulce africano	Horned melon	Jorned melón
1142. Pepino dulce	Cucamelon	Cucamelón
1143. Pepinillo	Cucumber	Kiúkumber
1144. Patata-papa	Potato	Potéitou
1145. Papaya	Papaya	Papáia
1146. palomitas	Popcorn	Pópkorn
1147. Oliva	Olive	Óliv
1148. Ñame	Yam	Yam
1149. Nuez noscada	Nutmeg	Nátmeig
1150. Nuez	Walnut	Uólnat

Español	Inglés	Pronunciación
1151. nopal	Prickly pear	Príkli per
1152. Níspero	Loquat	Lókuat
1153. nectarina	Nectarine	Néctarine

1154. Naranja	Orange	Orénch
1155. Nabo	Turnip	Térnip
1156. Moras	Blackberries	Blékbéri
1157. Milo	Milo	Mílou
1158. menta	Mint	Mint
1159. Membrillo	Quince	Cuins
1160. Melón	Melon	Méloun
1161. **Español**	**Inglés**	**Pronunciación**
1162. Maracuyá	Passion fruit	Páshion frút
1163. manzanilla	Chamomile	Chamómail
1164. Manzana	Apple	Ápl
1165. Mangostán	Mangosteen	Mángostin
1166. Mango	Mango	Mángo
1167. Mandarina	Mandarin	Mandarín
1168. Malanga	Taro	Táro
1169. Maíz	Corn	Córn
1170. Linaza	Flaxseed	Fláxsid
1171. **Español**	**Inglés**	**Pronunciación**
1172. Limón	Lemon	Lémón
1173. lima	Lime	Láim
1174. Lichi	Lychee	Láichi
1175. lentejas	Lentils	Léntils
1176. Lechuga	Lettuce	Létis
1177. laurel	Bay leaf	Lórel
1178. Kiwi	Kiwi	Kíui
1179. Jícama	Jicama	Híkama
1180. Hongos	Mushrooms	Máshrumz
1181. Higo	Fig	Fíg
1182. Guisante	Pea	Pí
1183. Guayaba	Guava	Guávaba
1184. Guanábana	Soursop	Súrsop
1185. Guamuchil	Madras thorn	Mádras zórn
1186. Grosella	Gooseberry	Guúsbéri

Español	Inglés	Pronunciación
1187. Granada	Pomegranate	Póme grenéit
1188. Gordolobo	Mullein	Múliin
1189. girasol	Sunflower	Sánflauar
1190. frijol	Bean	Bin
1191. Fresa	Strawberry	Stróuberi
1192. Frambuesa	Raspberry	Ráspbéri
1193. Espinaca	Spinach	Spínach
1194. Espárragos	Asparagus	Aspáragus
1195. Epazote	Epazote	Epázouti
1196. Ejote	Green bean	Grín bin
1197. Durazno	Melocotón	Peach Pich
1198. Datil	Date	Déitl
1199. Curcuma	Turmeric	Térmerik
1200. Comino	Cumin	Kúmin
1201. Coliflor	Cauliflower	Kóliflour
1202. Col de Bruselas	Brussels sprouts	Brásel spráuts
1203. Col china	Napa cabbage	Nápa kébich
1204. Col	Cabbage	Kábich
1205. Coco	Coconut	Kókou
1206. clavo de olor	Clove	Clóuv

1207. **Español**	**Inglés**	**Pronunciación**
1208. Ciruela pasa	Prune	Prún
1209. Ciruela	Plum	Plám
1210. Cilantro	Coriander	Koríander
1211. Chirimoya	Cherimoya	Cherimóia
1212. Chile	Chili pepper	Chíli péper
1213. chicharo	Pea	Pí
1214. chicayota	chicayota	Chicaiota
1215. Chía	Chia	Chia
1216. Chayote	Chayote	Cháioti
1217. Chalote	Shallot	Shálot
1218. chabacano	Apricot	Éipricot
1219. Cereza de acerola	Acerola cherry	Aseróla chéri

Español	Inglés	Pronunciación
1220. Cereza ácida	Sour cherry	Saur chéri
1221. Cereza	Cherry	Chéri
1222. Cempasuchil	Cempasuchil	Sempasúchil
1223. Cebollino	Chives	Cháivz
1224. Cebolla	Onion	Ónion
1225. cebada	Barley	Bárli
1226. Cardo	Thistle	Tísol
1227. Carambola	Starfruit	Stárfrit

1228. Español	**Inglés**	**Pronunciación**
1229. Palosanto	Persimmon	Pérsimon
1230. Caña	Sugar cane	Shúgar kéin
1231. canela	Cinnamon	Cinámon
1232. Calabaza espagueti	Spaghetti squash	Spagúeti squósh
1233. Calabaza	Pumpkin	Pámpkin
1234. Calabacín	Zucchini	sukiny
1235. Café	Coffee	Cófi
1236. Café	Cocoa	Cóukou
1237. Cacahuate	Peanut	Pínut
1238. Broccoli	Brókouli	Brócoli

1239. Berro	Watercress	Uótercrés
1240. Berenjena	Eggplant	Egplant
1241. Azucar	Sugar	Shúgar
1242. azafran	Saffron	Sáfron
1243. Avena	Oats	Ots
1244. arroz	Rice	Raís
1245. Apio	Celery	Sélri
1246. aniz	Anise	Ánis
1247. Almendra	Almond	Álmond
1248. Alcachofa	Artichoke	Ártichok

1249. albahaca	Basil	Básil
1250. ajonjoli	Sesame	Sésami

1251. ajo	Garlic	Garlík
1252. aguacate	Avocado	Ávokádo
1253. agua	Water	Uóter
1254. Achicoria	Chicory	Chíkori
1255. Acelga	Swiss chard	Suís chard
1256. Arandano	Cranberry	Kránberi

1257. **Español**	**Inglés**	**Pronunciación**
Objetos personales	Personal Items	personal airen
1258. Zapatos oxford	Oxford shoes	Óksford shuz
1259. Zapatos náuticos	Boat shoes	Bóut shuz
1260. Zapatos deportivos	Sneakers	Sníkers
1261. Zapatos de vestir	Dress shoes	Drés shuz
1262. Zapatos de tacón medio	Midheel shoes	Midhíl shuz
1263. Zapatos de tacón bajo	Lowheel shoes	Lóuhíl shuz
1264. Zapatos de tacón alto	Highheel shoes	Háihíl shuz
1265. Zapatos de piel	Leather shoes	Léder shuz
1266. Zapatos de hombre	Men's shoes	Menz shuz
1267. Zapatos de fiesta	Party shoes	Párti shuz

1268. Zapatos de charol	Patent leather shoes	Péitent léder shuz
1269. Zapatos de bebé	Baby shoes	Béibi shuz
1270. Zapatos de ante	Suede shoes	Swéd shuz
1271. Zapatos casuales	Casual shoes	Kézual shuz
1272. Zapatillas deportivas	Sports shoes	Spórts shuz
1273. Zapatillas o pantuflas	Slippers	Slípers
1274. Zapatillas de casa	House slippers	Jáus slípers
1275. Zapatillas de ballet	Ballet flats	Baléi fláts
1276. Vestido largo	Long dress	Lóng drés
1277. Vestido estampado	Printed dress	Prínted drés
1278. Vestido de noche	Evening dress	Ívning drés

1279. **Español**	**Inglés**	
Pronunciación		
1280. Vestido de encaje	Lace dress	Léis drés
1281. Vestido de cóctel	Cocktail dress	Cókteil drés

Español	Inglés	Pronunciación
1282. Vestido de baño	Bathing suit	Béiding sút
1283. Vestido camisero	Shirt dress	Shért drés
1284. Vestido	Dress	Drés
1285. Vaqueros / jeans	Jeans	Yíns
1286. Traje de baño para bebé	Baby swimsuit	Béibi swímsút
1287. Traje de baño	Swimsuit	Swímsút
1288. Traje completo	Full suit	Fúl sút
1289. Traje	Suit	Sút
1290. Top coat o sellador	Top coat or sealant	Tóp kóut or sílant
1291. Tónico facial	Facial tonic	Féishal tónik
1292. Toallitas desmaquillantes	Makeup wipes	Méikap wáips
1293. Toallitas	Wipes	Wáips
1294. Toalla	Towel	Táuel
1295. Tirantes	Suspenders	Saspénders
1296. Tijeras de manicura	Manicure scissors	Manikúr sízorz
1297. Tacones	Heels	Jílz
1298. Sujetador	Bra	Brá
1299. **Español**	**Inglés**	**Pronunciación**
1300. Suéter	Sweater	Swétor
1301. Sudadera	Sweatshirt	Swétshert
1302. Spray fijador para el cabello	Hair fixing spray	Jér fíksing spréi
1303. Sombrero o gorra	Hat or cap	Ját or káp
1304. Sombrero de ala ancha	Widebrimmed hat	Wáidbrímd ját
1305. Sombrero	Hat	Ját
1306. Secador de pelo	Hair dryer	Jér dráier
1307. Sandalias de tiras	Strappy sandals	Strápi sándals
1308. Sandalias con plataforma	Platform sandals	Plátform sándals
1309. Sandalias	Sandals	Sándals
1310. Saco de dormir para bebé	Baby sleeping bag	Béibi slíping bag
1311. Ropa interior	Underwear	Ánderwer
1312. Removedor d esmalte de uñas	Nail polish remover	Néil pólis rímuver
1313. Reloj de pulsera	Wristwatch	Rístwotch

| 1314. Quita cutículas | Cuticle remover | Kiútikl rímuver |
| 1315. Pulsera | Bracelet | Bréslet |

1316. **Español**	**Inglés**	**Pronunciación**
1317. Protector solar facial	Facial sunscreen	Féishal sánskrín
1318. Protector solar	Sunscreen	Sánskrín
1319. Polo	Polo shirt	Pólo shért
1320. Polainas	Leggings	Légings
1321. Kimono	Kimono	Kímono
1322. Jersey	Jersey	Yérzi
1323. Jeans	Jeans	Yíns
1324. Guantes de piel	Leather gloves	Léder glávz
1325. Guantes	Gloves	Glávz
1326. Gorro de algodón	Cotton	Kóten bíni

1327. Gorro	Beanie	beanie
1328. Gorra	Cap	Káp
1329. Gemelos	Cufflinks	Káfllinks
1330. Gel o crema de ducha	Shower gel or cream	Sháuer yél or krím
1331. Gafas para leer	Reading glasses	Rídink glásiz
1332. Gafas de sol	Sunglasses	Sánglásiz
1333. Gabardina	Trench coat	Trénch kóut
1334. Funda p/ teléfono móvil	Phone case	Fóun kéis
1335. Falda plisada	Pleated skirt	Plíitid skért
1336. Falda lápiz	Pencil skirt	Pénsil skért

1337. **Español**	**Inglés**	**Pronunciación**
1338. Exfoliante facial	Facial scrub	Féishal skráb
1339. Espuma o crema de afeitar	Shaving foam or cream	Shéivin fóum or krím
1340. Espejo	Mirror	Míror
1341. Esmalte de uñas	Nail polish	Néil pólis
1342. Encendedor	Lighter	Láiter

1343. Desodorante	Deodorant	Díoderant
1344. Desmaquillante	Makeup remover	Méikap rímuver
1345. Crema para pies	Foot cream	Fút krím
1346. Crema para manos	Hand cream	Jánd krím

1347. Crema para el cuerpo	Body cream	Bádi krím
1348. Crema para el contorno de labios	Lip cream	Lip krím
1349. Crema para el acné	Acne cream	Ákne krím
1350. Crema hidratante	Moisturizer	Móistcharáizer
1351. Crema de ojos	Eye cream	Ái krím
1352. Crema de noche	Night cream	Náit krím
1353. Corbatero	Tie clip	Tái klip
1354. Corbata	Tie	Tái
1355. Colonias	Colognes	Kóulgons

1356. Español	**Inglés**	**Pronunciación**
1357. Collar	Necklace	nekleis
1358. Clutch	Clutch	Klách
1359. Cinturón de cuero	Leather belt	Léder bélt
1360. Cinturón	Belt	Bélt
1361. Chaqueta deportiva	Sports jacket	Spórts jákit
1362. Chaqueta de punto	Cardigan	Kárdigan
1363. Chaqueta de mezclilla	Denim jacket	Dínim jákit
1364. Chaqueta de cuero	Leather jacket	Léder jákit
1365. Chaqueta	Jacket	Yákit
1366. Chanclas o chancletas	Flipflops or sandals	Flípflóps or sándals

| 1367. Chanclas elegantes | Dressy flipflops | Drési flípflóps |
| 1368. Champú | Shampoo | Shámpu |

1369. Chaleco	Vest	Vést
1370. Cepillo para el cabello	Hairbrush	Hérbrásh
1371. Cepillo o peine para el cabello	Hairbrush or comb	Hérbrásh or kóm
1372. Cepillo de dientes	Toothbrush	Túzbrásh
1373. Cazadora	Bomber jacket	Bómer jákit
1374. Cartera o billetera	Wallet or purse	Wállet or pörs
1375. Capa	Cape	Kéip
1376. Camisola	Camisole	Kámisol

1377. **Español**	**Inglés**	**Pronunciación**
1378. Camisetas interiores	Tank tops	Tánk tóps
1379. Camiseta sin mangas	Sleeveless shirt	Slívlis shért
1380. Camiseta	Tshirt	Tíshért
1381. Camisa de vestir	Dress shirt	Drés shért
1382. Camisa casual	Casual shirt	Kézual shért
1383. Camisa	Shirt	Shért
1384. Calzoncillos	Men's dress shoes	Menz drés shuz
1385. Calcetines tobilleros	Ankle socks	Ánkl sóks
1386. Calcetines altos	Kneehigh socks	Níhái sóks
1387. Calcetines	Socks	Sóks

1388. Bufanda de lana	Wool scarf	Wúl skárf
1389. Bufanda de invierno	Winter scarf	Wínter skárf
1390. Brocha de maquillaje	Makeup brush	Méikap brásh
1391. Brocha de afeitar	Shaving brush	Shéivin brásh
1392. Boxers	Boxers	Bóksers
1393. Botines	Ankle boots	Ánkl búts
1394. Botas mosqueteras	Thighhigh boots	Táijái búts
1395. Botas de cuero	Leather boots	Léder búts
1396. Botas altas	High boots	Hái búts
1397. Botas	Boots	Búts
1398. **Español**	**Inglés**	**Pronunciación**

| 1399. Bolso de mano | Handbag | Hándbag |

1400. Bolso	Purse	Pörs
1401. Bolsa de viaje	Travel bag	Trável bag
1402. Bolígrafo o pluma	Pen	Pén
1403. Body	Bodysuit	Bódisút
1404. Blusa sin hombros	Offtheshoulder blouse	Of de shóulder bláus
1405. Blusa de seda	Silk blouse	Sílk bláus
1406. Blusa de encaje	Lace blouse	Léis bláus
1407. Blazer	Blazer	Bléizer
1408. Billetera	Wallet	Wólet

1409. Bermudas	Bermuda shorts	Bérmuda shorts
1410. Bata o albornoz	Robe or dressing gown	Róub or drésing gáun
1411. Base de uñas	Base coat for nails	Béis kóut for néils
1412. Bailarinas	Ballet flats	Baléi fláts
1413. Babero	Bib	Bib
1414. Anillos	Rings	Ríngs
1415. Alpargatas	Espadrilles	Espadríls
1416. Agua micelar	Micellar water	Misélar wóter
1417. Agenda/cuaderno de notas	Planner or notebook	Pláner or nóutbuk
1418. Acondicionador	Conditioner	Condíshoner

1419. **Español**	**Inglés**	**Pronunciación**
1420. Aceite facial	Facial oil	Féishal oíl
1421. Aceite corporal	Body oil	Bódi oíl
1422. Abrigo o gabardina	Coat or trench coat	Kóut or trench kóut
1423. Abrigo	Coat	Kóut
1424. Mocasines	Loafers	Lóufers
1425. Minifalda	Mini skirt	Míni skért
1426. Medias de encaje	Lace stockings	Léis stókings
1427. Medias de colores	Colored stockings	Kálord stókings
1428. Medias	Stockings	Stókings
1429. Mascarilla facial	Facial mask	Féishal mask

| 1430. Mascarilla capilar | Hair mask | Hér mask |

1431. Máscara para dormir	Sleep mask	Slíp mask
1432. Maquinilla de afeitar	Razor	Réizer
1433. Mantita	Blanket	Blánket
1434. Mameluco	Onesie	Wánzi
1435. Maletín	Briefcase	Bríefkéis
1436. Loción corporal	Body lotion	Bódi lóushon
1437. Llavero	Keychain	Kíchein
1438. Linterna	Flashlight	Fláshláit
1439. Limpiador facial	Facial cleanser	Féishal klíanser

1440. Lima de uñas	Nail file	Néil fáil
1441. Lencería	Lingerie	Línderí
1442. Leggings	Leggings	Légings
1443. Pinzas para el cabello	Hair clips	Hér klips
1444. Pinzas de depilar	Tweezers	Tuízers
1445. Pijama	Pajamas	Páyámas
1446. Perfume	Perfume	Pérfium
1447. Pendientes	Earrings	Írrings
1448. Ropa interior	Underwear	Ánderwér
1449. Pelele	Romper	Rómer
1450. Peine de bolsillo	Pocket comb	Póket kóm

1451. **Español**	**Inglés**	
Pronunciación		
1452. Peine	Comb	Kóm
1453. Pasta de dientes	Toothpaste	Túspéist
1454. Pasador de corbata	Tie clip	Tái klip
1455. Paraguas resistente	Sturdy umbrella	Stérdi ámbrela
1456. Pañuelo de seda	Silk handkerchief	Sílk hángkerchif
1457. Pañuelo de papel	Tissue paper	Tíshu páiper
1458. Pañuelo de bolsillo	Pocket square	Póket skwéar
1459. Pañal	Diaper	Dáiper
1460. Pantimedias	Pantyhose	Pántihóus
1461. Pantalones palazzo	Palazzo pants	Palázo pánz

1462. Pantalones largos	Long pants	Lóng pánz
1463. Pantalones de vestir	Dress pants	Drés pánz
1464. Pantalones de mujer	Women's pants	Wímenz pánz
1465. Pantalones cortos para dormir	Shorts for sleeping	Shorts for slíping
1466. Pantalones cortos	Shorts	Shorts
1467. Pantalones casuales	Casual pants	Kézual pánz
1468. Pantalón	Trousers	Tráusers
1469. Pajarita	Bow tie	Bóu tái
1470. Organizador de llaves	Key organizer	Kí órganáizer
1471. Mono	Jumpsuit	Yámpsút
1472. Monedero	coin purse	kóin pörs
1473. Mochila	Backpack	Bákbak

1474. **Español** **Pronunciación**	**Inglés**	
Objetos de una casa	Objets of the house	obyets of de jaus
1475. Cámara web	Webcam	Wébkam
1476. Papel encerado	Wax paper	Wáks péiper
1477. Jarra para agua	Water pitcher	Wóter pícher
1478. Lavadora	Washing machine	Wóshing mashín
1479. Armario o ropero	Wardrobe or closet	Wórdroub or klózet
1480. Reloj de pared	Wall clock	Wól klók
1481. Sacacorchos de camarero	Waiter's corkscrew	Wéiterz kórkskrú
1482. Pelador de verduras	Vegetable peeler	Védchtable píler
1483. Aspiradora	Vacuum cleaner	Vákium klíner
1484. Control remoto de la televisión	TV remote control	TV rimóut kantróul
1485. Pasta de dientes	Toothpaste	Túthpéist
1486. Papelera	Trash can	Trásh kan
1487. Botes de basura	Trash bins	Trásh bins
1488. Bolsas de basura	Trash bags	Trásh bágs
1489. Juguetes y artículos para niños	Toys	Tóiz

Español	Inglés	Pronunciación
1490. Toallas de baño y cocina	Towels kitchen	Táuels kíchen
1491. Cepillo de dientes	Toothbrush	Túzbrásh
1492. Herramientas	Tools	Túls
1493. **Español**	**Inglés**	**Pronunciación**
1494. Tostadora	Toaster	Tóuster
1495. Estufa /horno	Stove or oven	Stóv or óven
1496. Caja de pañuelos	Tissue box	Tíshú box
1497. Televisión	Television	Telivíshon
1498. Tetera	Teapot	Típot
1499. Laptop	Tablet	Táblit
1500. Maletas y bolsas de viaje	Suitcases and travel bags	Sútcéissiz and trávul bágs
1501. Estéreo / sistema de sonido	Stereo or sound system	Stério or sóund sístem
1502.		
1503. Quitamanchas	Stain remover	Stéin rimúver
1504. **Español**	**Inglés**	**Pronunciación**
1505. Grapadora y grapas	Stapler and staples	Stéipler and stéiplz
Esponjas y estropajos	Sponges and scrubbers	Spándzes and skrábers
1506. Especiero o soporte para especias	Spice rack	Spáis rák
1507. Altavoces	Speakers	Spíkers
1508.		
1509. Sofá	Sofa	Sóufa
1510. Detectores de humo	Smoke detectors	Smóuk detéctors
1511. Fregadero	Sink	Sínk
1512. Espátulas de silicona	Silicone spatulas	Silíkon spátulas
1513. Cortina de ducha	Shower curtain	Sháuer kértn
1514. Separadores dc cstantes	Shelf dividers	Shélf diváiders
1515. Espátulas y cucharones	Spatulas and ladles	Spáchulas and léidls

1516. Tejas   Roof tiles   Rúf táils
1517. Sábanas   Sheets   Shíts
1518. Cucharas de servir   Serving spoons   Sérving spúnz
1519. Tenedores de servir   Serving forks   Sérving fórks
1520. Ropa de temporada   Seasonal clothing Síznal klóding
1521. Tijeras   Scissors   Sísorz
1522. Alfombras o tapetes   Rugs or carpets   Rags or kárpets
1523. Artículos de temporada Seasonal items   Síznal ádems
1524. Ventilación del techo   Roof ventilation   Rúf ventileíshon
1525. Rollo de papel toalla para limpieza Roll of paper towel for cleaning
Ról of péiper táuel for klíning

1526. Español   **Inglés**   **Pronunciación**

1527. Papel para la impresora Printer paper   Prínter péiper
1528. Impresora   Printer   Prínter
1529. Ollas y sartenes   Pots and pans   Póts and pans
1530. Almohadas   Pillows   Pílous
1531. Fundas de almohada   Pillowcases   Píloukéiss
1532. Cuadros o adornos de pared Pictures or wall decorations Píkchurs or
wól dekoreíshonz
1533. Molinillo de pimienta   Pepper mill   Péper mil
1534. Bolígrafos o lápices   Pens or pencils   Péns or péncils
1535. Muebles de patio   Patio furniture   Pátio férnichúr

1536. Dispensador de papel de cocina Paper towel dispenser Péiper táuel
dispénsr
1537. Papel   Paper   Péiper
1538. Guantes de horno   Oven gloves   Óven glávs
1539. Cuadernos o libretas   Notebooks or notepads Nóutbúks or nóutpads
1540. Sartenes antiadherentes Nonstick pans   Nónstik pánz
1541. Cucharón   Ladle   Léidl
1542. Mesita de noche   Nightstand   Náitstánd
1543. Reproductor de música   Music player   Músik pléier

1544. Trapeador o mopa	Mop or mop head	Móp or móp héd
1545. Espumador de leche	Milk frother	Milk fráder
1546. Horno de microondas	Microwave oven	Máicrowéiv óven
1547. Colchón	Mattress	Mátris
1548. Revistas	Magazines	Magazíns
1549. Espejos	Mirrors	Mírors
1550. Rodillo quitapelusas	Lint roller	Lint róuler
1551. Manta para las piernas	Leg warmer or lap blanket	Leg wórmer or láp blénket
1552. Detergente para ropa	Laundry detergent	Lóndry dyéturgent
1553. Lámparas	Lamps	Lámps
1554. Afilador de cuchillos	Knife sharpener	Náif shárpenér

1555. **Español**	**Inglés**	**Pronunciación**
1556. Teclado y ratón	Keyboard and mouse	Kíbórd and máus
1557. Tableta gráfica	Graphic tablet	Gráfik táblit
1558. Tabla de planchar	Ironing board	Áironing bórd
1559. Secador de pelo	Hair dryer	Hér dráier
1560. Rallador	Grater	Gréiter
1561. Plantas de interior	Indoor plants	Índor plánts
1562. Plancha	Iron	Áiron
1563. Pinzas para hielo	Ice tongs	Áis tóngz
1564. Perchas	Hangers	Héingers
1565. Pegamento o adhesivo	Glue or adhesive	Glú or adhísiv
1566. Paños de cocina	Kitchen towels	Kíchen táwels
1567. Moldes para cubitos de hielo	Ice cube trays	Áis kiúb tréiz
1568. Mesa de cocina	Kitchen table	Kíchen téibl
1569. Joyero o caja para joyas	Jewelry box	Yúeleri báks
1570. Jabón para lavar a mano	Hand soap for washing clothes	Hánd sóup for wóshing klóuds

Español	Inglés	Pronunciación
1571. Hervidor de agua	Kettle	Kétl
1572. Fotografías familiares	Framed family photos	Fréimd fámili fótos
1573. Exprimidor de jugo	Juicer	Yúiser
1574. Embudo	Funnel	Fánl
1575. Dispensador de jabón para manos	Hand soap dispenser	Hánd sóup dispénsr
1576. Cuchillos de cocina	Kitchen knives	Kíchen náivz
1577. Cuchara para helado	Ice cream scoop	Áis krím skúp
1578. Canastas para frutas y verduras	Fruit and vegetable baskets	Frút and védchtable báskets
1579. Canaletas	Gutters	Gáters
1580. Bolsas de congelación	Freezer bags	Frízer bágs
1581. Bolsas de basura	Garbage bags	Gárbij bágs
1582. Batidora de mano	Hand blender	Hánd blénder
1583. Báscula de cocina	Kitchen scale	Kíchen skéil
1584. Auriculares o cascos	Headphones or earphones	Hédfóuns or írfouns
1585. Artículos de jardinería	Gardening items	Gárdning ádems

Español	Inglés	Pronunciación
1586. Suavizante de telas	Fabric softener	Fábric sóftner
1587. Secadora	Dryer	Dráier
1588. Linternas	Flashlights	Fláshlaits
1589. Extintor de incendios	Fire extinguisher	Fáier iksstínguisher
1590. Escobilla para limpiar el polvo	Duster	Dáster
1591. Edredón o cobija	Duvet or blanket	Dúvet or blénket
1592. Cómoda	Dresser	Dréser
1593. Cafetera de espresso	Espresso coffee maker	Esprésou kófi méiker
1594. Botiquín de primeros auxilios	First aid kit	Férst éid kít
1595. Archivos y documentos	Files and documents	Fáils and dókyuments

1596. **Español**	**Inglés**	**Pronunciación**
1597. Detergente para lavar platos	Dishwashing detergent	Díshwóshing dyéturgent
1598. Escobilla para lavar platos	Dish brush	Dísh brásh
1599. Escurreplatos	Dish rack or drying rack	Dísh rák or dráiing rák
1600. Lámpara de escritorio	Desk lamp	Desk lémp
1601. Lavavajillas	Dishwasher	Díshwósher
1602. Mesa de comedor	Dining table	Dáining téibl
1603. Organizador de cables y cargadores	Desktop cable and charger organizer	Désktóp kéibl and chárdcher órgenaizer
1604. Organizadores de cajones	Drawer organizers	Dróuer órgenaizers
1605. Ropa de vestir	Dress clothes	Drés klóuds
1606. Silla de escritorio	Desk chair	Desk chér

Español	**Inglés**	**Pronunciación**
1607. Abrelatas	Can opener	Kán óupener
1608. Cafetera	Coffee maker	Kófi méiker
1609. Calculadora	Calculator	Kálkyuléitor
1610. Calendario o planificador	Calendar or planner	Kálendar or pláner
1611. Chimenea	Chimney	Chímní
1612. Cortinas o persianas	Curtains or blinds	Kértns or bláinds
1613. Cuchillos para carne	Carving knives	Kárving náivz
1614. Decoraciones y adornos.	Decorations and ornaments	Dekoreíshonz and árnaments
1615. Escobas y recogedores	Brooms and dustpans	Brúms and dástpans
1616. Escritorio	Desk	Desk
1617. Espejo decorativo	Decorative mirror	Dékoratív míror
1618. Exprimidor de cítricos	Citrus juicer	Sítrus yúiser
1619. Mesa de centro	Coffee table	Cófi téibl
1620. Molde para hacer galletas	Cookie mold	Kúki móuld
1621. Productos de limpieza	Cleaning products	Clíning próducts

1622. Rallador de queso	Cheese grater	Chíz gréiter
1623. Sacacorchos	Corkscrew	Kórkskrú
1624. Sillón	Armchair	ármcher
1625. Tablas de cortar	Cutting boards	Kátting bórds
1626. Taburetes	Stools	stúls

Español	**Inglés**	**Pronunciación**
1627. Escoba y recogedor	Broom and dustpan	Brúm and dástpan
1628. Estanterías	Bookshelves	Búkshélvs
1629. Libros	Books	Búks
1630. Juegos de mesa	Board games	Bórd géims
1631. Batidora o licuadora	Blender or mixer	Blénder or míkser
1632. Blanqueador o lejía	Bleach	Blích
1633. Cestas para la ropa sucia	Baskets for dirty laundry	Báskets for dérti lóndry
1634. Cestas para la ropa limpia	Baskets for clean laundry	Báskets for klín lóndry
1635. Barbacoa o parrilla	Barbecue grill	Bárbikiú gríl
1636. Bandejas para hornear	Baking trays	Béiking tréiz
1637. Moldes para hornear	Baking molds	Béiking móulds
1638. Delantal	Apron	Éipron
1639. Mobiliario antiguo	Antique furniture	Antík fúrnicher
1640. Papel de aluminio	Aluminum foil	Alúminum fóil
1641. Despertador	Alarm clock	Alárm klók
1642. Aire acondicionado	Air conditioning	Éir kondíshoning
1643. Unidades de calefacción	Heating units	or híting yúnits
1644. Cinta adhesiva	Adhesive tape	Adhísv tóup

1645. **Español**   **Inglés**   **Pronunciación**

Partes del cuerpo   Parts of the body   Parts ofdi body

Español	Inglés	Pronunciación
1646. Lengua	Tongue	Táng
1647. Labios	Lips	Líps
1648. Huesos de las cejas	Eyebrows	Áibróuz
1649. Huellas dactilares	Fingerprints	Fíngərprínts
1650. Hombros	Shoulders	Shóuldərz
1651. Glúteos	Buttocks	Bútəks
1652. Frente	Forehead	Fórjhéd
1653. Espinillas	Shins	Shinz
1654. Espalda	Back	Bák
1655. Empeines	Insteps	Ínstəps

Español   **Inglés**   **Pronunciación**

Español	Inglés	Pronunciación
1656. Abdomen	Abdomen	Ábdóumən
1657. Antebrazos	Forearms	Fórərmz
1658. Arrugas	Wrinkles	Rínkəlz
1659. Barbilla	Chin	Chín
1660. Bazo	Spleen	Splin
1661. Boca	Mouth	Máuz
1662. Brazos	Arms	Ármz
1663. cabello	Hair	Hér
1664. Cabeza	Head	Héd
1665. Caderas	Hips	Hips
1666. Cara	Face	Feis
1667. Cejas	Eyebrows	Áibróuz
1668. Cerebro	Brain	Brein
1669. Cintura	Waist	Weist
1670. Codos	Elbows	Élbouz
1671. Corazón	Heart	Jart
1672. Cuello	Neck	Nék
1673. Dedos	Fingers	Fíngərz
1674. Dedos de los pies	Toes	Tóuz

1675. Dientes	Teeth	Tíz
1676. Estómago	Stomach	Stómak
1677. Glándula tiroides	Thyroid gland	Táiroid glánd
1678. Glándulas suprarrenales	Adrenal glands	Adrínal glándz
1679. Hígado	Liver	Líver
1680. Intestinos (delgado y grueso)	Intestines (small and large)	Intéstins (smol and lárdch)
1681. Músculos	Muscles	Máslz
1682. Órganos reproductores	Reproductive organs	Riprǝdáktiv órganz
1683. Ovarios (en mujeres)	Ovaries (in females)	Óvariz (in fímeils)
1684. Páncreas	Pancreas	Pánkrias
1685. Pulmones	Lungs	Lungs
1686. Riñones	Kidneys	Kídnis
1687. Sistema esquelético	Skeletal system	Skélital sístem
1688. Sistema nervioso	Nervous system	Nérvas sístem
1689. Testículos (en hombres)	Testes (in males)	Téstis (in méils)
1690. Vasos sanguíneos	Blood vessels	Blad váslz
1691. Vejiga	Bladder	Bláder
1692. Vesícula biliar	Gallbladder	Gólbláder

1693. **Español**	**Inglés**	**Pronunciación**
1694. Libro	**Book**	buk
1695. Bolígrafo	**Pen**	pen
1696. Reloj (de pared)	**Clock**	clok
1697. Llave	**Key**	ki
1698. Teléfono móvil	**Mobile phone**	Mobel foun
1699. Billetera o monedero	**Wallet**	gualet
1700. Llaves	**Keys**	kisz
1701. Ropa	**Clothes**	cloudts
1702. Reloj de pulsera	**Watch**	guatsh

1703. Ejemplos de oraciones con palabras de arriba.

1704. **Libro:** Me sumergí en un libro emocionante sobre las galaxias que me transportó a otro mundo. Me encantó.

1705. **Book** I immersed myself in an exciting book about galaxies that transported me to another world. I really enjoyed it.

1706. (Ai imérsd maisélf in an eksáitink buk abaut gálek-siz dat transpórted mi tu anáder wóld. Ai ríli enyóid it.)

1707. **Bolígrafo/Pluma**: Tomé mi bolígrafo favorito y comencé a escribir en mi diario rosa.

1708. **Pen:** I took my favorite pen and started writing in my pink diary. (Ai tuk mai féivorit pen and stárted ráitin in mai pink dái-ri.)

1709. **Reloj (de pared):** El reloj de pared en el salón de clases hace ruido y no me deja concentrarme.

1710. **Wall clock**: The wall clock in the classroom is making a loud noise and it's not letting me concentrate.   (De wól klak in de klásrum is méiking a laud nois and its not léting mi kónsen-treit).

1711. **Llave:** Cerré la puerta y guardé la llave en mi bolsillo para asegurarme de no perderla.

1712. **Key:** I closed the door and kept the key in my pocket to make sure I didn't lose it. (Ai klóust de dor and kept de ki in mai póket tu méik shur ai didn't lús it).

1713. **Teléfono móvil**: Utilizo mi teléfono móvil para mantenerme conectado/a con amigos-as y familiares en todo momento.

1714. **Mobile phone:** I use my mobile phone to stay connected with friends and family at all times. (Ai iús mai móbil foun tu stéi konek-ted wif frénds and fámili at ol taims)

1715. **Billetera o monedero**: Saqué mi billetera y pagué la cuenta del restaurante sin problemas. **Wallet:** I took out my wallet and paid the restaurant bill without any problems. (Ai tuk aut mai wólet and peid de res-tórant bil wid-aut éni próblems).

1716. **Llaves:** Mi abuela me entregó las llaves de su viejo coche para que lo cuidara mientras está de viaje. **Keys:** My grandmother gave me the keys to his old car to take care of while he's away. (Mai gránma-der géiv mi de kís tu jis óld kar tu teik ker of wáil jis awey).

1717. **Ropa:** Me puse mi ropa más cómoda y salí a dar un paseo por el parque.

1718. **Clothes:** I put on my most comfortable clothes and went for a walk in the park. (Ai put on mai móust kómfortabl klouz and wént for a wók in de park).

1719. **Reloj de pulsera**: Mi reloj de pulsera me ayuda a mantenerme puntual en todas mis actividades diarias. **Wristwatch**: My wristwatch helps me stay punctual in all my daily activities. (Mai ríst-wotch jelps mi stéi pánk-choo-al in ol mai déili ativí-tis).

1720. **Español**	**Inglés**	**Pronunciación**
1721. Papel	**Paper**	péiper
1722. Gafas	**Glasses**	gláses
1723. Lentes de contacto	**Contact lenses**	kón-takt lénses
1724. Botella de agua	**Water bottle**	wóter bótl
1725. Paraguas	**Umbrella**	ambréla
1726. Lámpara	**Lamp**	lámp
1727. Computadora	**Computer**	kompúter
1728. Portátil	**Laptop**	láptop
1729. Cepillo de dientes	**Toothbrush**	túzbrash
1730. Pasta dental	**Toothpaste**	túthpéist

1731. **Papel:** Necesito papel para escribir una carta. I need paper to write a letter. (Ái nid péiper tu ráit e léter).

1732. **Gafas:** Mis gafas me ayudan a ver mejor. My glasses help me see better. (Mai gláses jélp mi sí bétter).

1733. **Lentes de contacto**: Utilizo lentes de contacto para corregir mi visión. I use contact lenses to correct my vision. (Ái iús kón-takt lénses tu korekt mai vízhon).

1734. **Botella de agua**: Siempre llevo una botella de agua cuando salgo de casa. I always carry a water bottle when I leave the house. (Ái ólweiz kéri a wóter bótl wen ái lív de jáus).

1735. **Paraguas:** Es mejor llevar un paraguas en caso de lluvia. It's better to carry an umbrella in case of rain.   (Its bétter tu kéri an ambréla in kéis of réin).

1736. **Lámpara:** Esta lámpara ilumina toda la habitación. This lamp lights up the entire room. (Dis lámp láits ap de entáir rum).

1737. **Computadora:** Uso la computadora para trabajar y navegar por Internet. I use the computer for work and browsing the Internet. (Ái iús de kompjúter for wórk and bráuzing de ín-ter-net).

1738. **Portátil:** Mi portátil es muy útil cuando necesito trabajar fuera de casa. My laptop is very useful when I need to work outside home. (Mai láptop is véri iúsful wen ái nid tu wórk áutsáid jáus).

1739. **Cepillo de dientes:** Recuerda cepillar tus dientes después de cada comida. Remember to brush your teeth after every meal. (Rimémber tu brásh yor túz after éveri míl).

1740. **Pasta dental:** Necesito comprar más pasta dental en el supermercado. I need to buy more toothpaste at the supermarket. (Ái nid tu bái mor túthpéist at de súper-mér-ket).

1741. **Español**	**Inglés**	**Pronunciación**
1742. Vehículo	**Vehicle**	Ví-kel
1743. Control remoto	**Remote control**	Rimót kón-trol
1744. Cuchillo	**Knife**	Naif
1745. Tenedor	**Fork**	Forc
1746. Zapatos	**Shoes**	shus
1747. Espejo	**Mirror**	míror
1748. Desodorante corporal	**Body deodorant**	Bódi dióderant
1749. Pantalones	**Pants**	pants
1750. Llavero	**Keychain**	kícheyn
1751. Juguete	**Toy**	tói

1752. Vehículo: Mi madre compró un vehículo nuevo. **Vehicle**: My Mother bought a new vehicle.   (Ví-kel: Mai mader bot a niu ví-kel).

1753. Control remoto: Utilizo el control remoto para cambiar el canal de la televisión. **Remote control**: I use the remote control to change the TV channel.   (Rimót kón-trol: Ay us de rimót kón-trol tu cheinch de TV chánel.)

1754. Cuchillo: Utilicé un cuchillo afilado para cortar la carne. **Knife:** I used a sharp knife to cut the meat.   (Naif: Ay yust a sharp naif tu kat de mit).

1755. Tenedor: Usé un tenedor para comer la ensalada. **Fork**: I used a fork to eat the salad.   (Forc: Ay yust a forc tu it de sálad).

1756. Zapatos: Compré unos zapatos nuevos en la tienda. **Shoes:** I bought new shoes at the store.   (Shus: Ay bot niu shus at de stor.)

1757. Espejo: Me peino frente al espejo todas las mañanas. **Mirror**: I comb my hair in front of the mirror every morning.   (Míror: Ay komb mai jer in front of de míror éveri morning).

1758. Desodorante corporal: Aplico desodorante corporal después de hacer ejercicio. **Body deodorant**: I apply body deodorant after exercising. (Desodórante korpóral: Ay aplai bádi desodórante after eksersáising).

1759. Pantalones: Prefiero usar pantalones cómodos en casa. **Pants:** I prefer to wear comfortable pants at home.   (Pants: Ay prifér tu wér kámfortábol pants at jom).

1760. Llavero: Siempre guardo mis llaves en el llavero. **Keychain**: I always keep my keys on the keychain.   (Kícheyn: Ay olwéis kíp mai kís on de kícheyn).

1761. Juguete: Mi sobrino tiene muchos juguetes coloridos. **Toy**: My nephew has many colorful toys.   (Tói: Mai néfyu jas méni kálorful toys).

1762. **Español**	**Inglés**	**Pronunciación**
1763. Escuela	**School**	skul
1764. Peluche	**Stuffed animal**	stáfd animol
1765. Helado	**Ice cream**	áis krim
1766. Lápiz	**Pencil**	pénsil
1767. Medicamentos	**Medications**	medikéishons
1768. Descanso	**Rest**	rest
1769. Lectura	**Reading**	ríding
1770. Salud	**Health**	jelf
1771. Pasatiempo	**Hobby**	jábi
1772. Amistad	**Friendship**	fréndship

1773. Escuela: Mi sobrino va a la escuela todos los días. **School:** My nephew goes to school every day. (Skul: Mai néfyu gous tu skul éveri déi).

1774. Peluche: Mi hermana tiene un peluche de oso muy suave. **Stuffed animal**: My sister has a very soft stuffed bear. (Stáfd animol: Mai sístér jas a veri soft stáfd ver).

1775. Helado: En verano, me encanta comer helado de fresa. **Ice cream:** In summer, I love eating strawberry ice cream. (Áis krim: In sámer, ay lov íting stróberi áis Krim).

1776. Lápiz: Utilizo un lápiz para tomar apuntes en clase. **Pencil**: I use a pencil to take notes in class. (Pénsil: Ay ius a pénsil tu teik nouts in klas).

1777. Medicamentos: Tomo medicamentos para controlar la presión arterial. **Medications**: I take medications to control blood pressure. (Medikéishons: Ay teik medikéishons tu kóntról blad présher).

1778. Descanso: Después de un largo día de trabajo, necesito descanso. **Rest**: After a long day of work, I need rest. (Rest: After a long déi of wérk, ay nid rest).

1779. Lectura: Me gusta la lectura de novelas de misterio. **Reading**: I enjoy reading mystery novels. (Ríding: Ay enyói ríding mistéri návals).

1780. Salud: Es importante cuidar nuestra salud física y mental. **Health**: It's important to take care of our physical and mental health.   (Jelf: Its importánt tu teik ker of áur fízikal and méntal jelf).

1781. Pasatiempo: Mi pasatiempo favorito es pintar al óleo. **Hobby**: My favorite hobby is oil painting.   (Jábi: Mai féivorit jábi is oil péinting.)

1782. Amistad: La amistad es un tesoro invaluable en la vida. **Friendship:** Friendship is an invaluable treasure in life.   (Fréndship: Fréndship is an inváluébol tréshor in láif.)

1783. **Español**	**Inglés**	**Pronunciación**
1784. Experiencia	Experience	ikspíriens
1785. Pañal	Diaper	dáiper
1786. Sonrisa	Smile	smail
1787. Despertar	Wake up	weik ap
1788. Desayunar	Have breakfast	jáv brékfast
1789. Trabajar	Work	wérk
1790. Comer	Eat	it
1791. Despertador	Alarm clock	alárm klak
1792. Baño	Bathroom	báthrum
1793. Pipí	Pee	pí
1794. Taza del baño	Toilet bowl	tóilit boul

1795. Experiencia: Viajar por el mundo brinda experiencias inolvidables. **Experience: Traveling the world provides unforgettable experiences.** (ikspíriens: Trávilar por el mundo brinda ikspíriens inolvidables.)

1796. Pañal: Mi hermanito Saul aún usa pañales. **Diaper: My little brother Saul still wears diapers.**   (dáiper: Mai lítl bráder saul stil uérs dáipers.)

1797. Sonrisa: La sonrisa de un niño ilumina mi día. **Smile: A child's smile brightens my day.**   (smail: A chaild's smail bráitens mai déi.)

1798. Despertar: Me gusta despertar temprano para aprovechar el día. **Wake up: I like to wake up early to make the most of the day.** (weik ap: Ay laik tu wéik ap érli tu méik de móust of de déi.)

1799. Desayunar: Siempre desayuno con una taza de café. Have breakfast: **I always have breakfast with a cup of coffee.** (jáv brékfast: Ay ólwes jáv brékfast wif a kap of kófi.)

1800. Trabajar: Mi padre trabaja en una oficina. **Work:** My father works in an office. wérk: Mai fáder wérks in an ófis.

1801. Comer: Me gusta comer pizza los fines de semana. **Eat:** I enjoy eating pizza on weekends. (it: Ay enyói íting pítsa on wíkends.)

1802. Despertador: Utilizo un despertador para despertarme a tiempo. **Alarm clock:** I use an alarm clock to wake up on time. (alárm klak: Ay iús an alárm klak tu wéik ap on táim.)

1803. Baño: El baño está al final del pasillo. **Bathroom:** The bathroom is at the end of the hallway. (báthrum: De báthrum is at de end of de jólwei.)

1804. Pipí: El niño necesita hacer pipí antes de dormir. **Pee:** The child needs to pee before going to sleep. (pí: De chaild nids tu pí bifor)

1805. **Español**	**Inglés**	**Pronunciación**
1806. Cocinar	**Cook**	kuk
1807. Llorar	**Cry**	krai
1808. Saludar	**Greet**	grit
1809. Llegar tarde	**Arrive late**	aráiv leit
1810. Dolor de cabeza	**Headache**	jédeik
1811. Perro	**Dog**	dog
1812. Gato	**Cat**	kát
1813. Mascota	**Pet**	pet
1814. Robo	**Theft**	tef

1815. Cocinar: Mi madre sabe cocinar deliciosos platos. **Cook:** My mother knows how to cook delicious dishes.   (mai mader nous jau tu kuk delíshos dishis).

1816. Llorar: Después de ver la película triste, comencé a llorar. **Cry:** After watching the sad movie, I started to cry.   (after wátching de sad múvi, ai stárted tu krai).

1817. Saludar: Siempre es educado saludar a las personas cuando entras a una habitación. **Greet:** It's always polite to greet people when you enter a room. (its ólweiz polit tu grit pípol wen yu énter a rum).

1818. Llegar tarde: Me disculpo por llegar tarde a la reunión. **Arrive late:** I apologize for arriving late to the meeting.   (ai apoláiz for aráivin leit tu de míting).

1819. Dolor de cabeza: Tengo un fuerte dolor de cabeza, necesito tomar un descanso. **Headache:** I have a severe headache, I need to take a break. (ai jav a sívir jédeik, ai nid tu teik a breik).

1820. Perro: Mi vecino tiene un perro muy juguetón. **Dog:** My neighbor has a very playful dog.   (mai néibor jas a veri pléiful dog).

1821. Gato: Mi hermana adoptó un gato negro. **Cat:** My sister adopted a black cat. (mai sísterr adópted a blak kát).

1822. Mascota: Los niños disfrutan tener una mascota en casa. **Pet:** Children enjoy having a pet at home.   (chíldren enyói jávin a pet at jóm).

1823. Robo: Lamentablemente, hubo un robo en la joyería anoche. **Theft:** Unfortunately, there was a theft at the jewelry store last night. (anforchunetli, der waz a tef at de yúlerí stor last nait).

1824. **Español**   **Inglés**   **Pronunciación**

1825. Dinero	Money	móni
1826. Manzana	Apple	ápl
1827. Automóvil	Car	kar
1828. Cereal	Cereal	sírial
1829. Agua	Water	wóter
1830. Molestar	Bother	báder
1831. Frío	Cold	kóld
1832. Dormir	Sleep	slip
1833. Autobús	Bus	bas
1834. Taxi	Taxi	táksi
1835. Hijo	Son	sohn

1836. Dinero: Necesito dinero para comprar boletos de avión. **Money:** I need money to buy plane tickets. (ai nid móni tu bai plein tíkits).

1837. Manzana: Me gusta comer una manzana roja todos los días. **Apple:** I like to eat a red apple every day. (ai laik tu it a red ápl éveri déi).

1838. Automóvil: Mi vecino tiene un automóvil deportivo. **Car:** My neighbor has a sports car. (mai néibor jas a sports kar).

1839. Cereal: Desayuné un tazón de cereal con leche esta mañana. **Cereal:** I had a bowl of cereal with milk for breakfast this morning. (ai jad a bol of sírial wif milk for brékfast dis mórning).

1840. Agua: Por favor, dame un vaso de agua fría. **Water:** Please give me a glass of cold water. (pliis giv mi a glas of kóld wóter).

1841. Molestar: Deja de molestar a tu hermano pequeño. **Bother:** Stop bothering your little brother. (stop bádering yor lítl bráder).

1842. Frío: Hace mucho frío afuera, deberías abrigarte. **Cold:** It's very cold outside, you should dress warmly. (its veri kóld áutsáid, yu shud dres wórmli).

1843. Dormir: Necesito dormir al menos ocho horas cada noche.   **Sleep:** I need
to sleep at least eight hours every night.   (ai nid tu slip
at líst eit áurs éveri nait).

1844. Autobús: Tomaré el autobús para ir al trabajo. **Bus:** I will take the bus to go
to work.   (ai wil teik de bas tu go tu wórk).

1845. Taxi: Llamaré a un taxi para ir al aeropuerto. **Taxi:** I will call a taxi to go to
the airport.   (ai wil kol a táksi tu go tu de
érport).

1846. Hijo: Mi hijo es muy inteligente y estudioso. **Son:** My son is very intelligent
and studious.   (mai sohn is veri intélidchent and
stúdius).

1847. **Español**	**Inglés**	**Pronunciación**
1848. Leche	Milk	milk
1849. Esposa	Wife	wáif
1850. Esposo	Husband	jázband
1851. Mamá	Mom	mam
1852. Cantar	Sing	sing
1853. Papá	Dad	dad
1854. Barrer	Sweep	swíp
1855. Redes sociales	Social media	sóushal
1856. Jugo	Juice	yus
1857. Amigo	Friend	frend
1858. Bañar	Bathe	beith
1859. Estrés	Stress	stres
1860. Preocupar	Worry	wóri
1861. Cárcel	Jail	yél
1862. Tarjeta de crédito	Credit card	krédit kárd
1863. Pinchar	Prick	prik

1864. Leche: Me gusta tomar un vaso de leche caliente antes de dormir. **Milk:** I
like to have a glass of warm milk before going to sleep.   (ai laik
tu jav a glas of wórm milk bifor góing tu slip).

1865. Esposa: Mi esposa es mi mejor amiga y compañera de vida. **Wife:** My wife is my best friend and life partner. (mai wáif is mai best frend and laif pártner).

1866. Esposo: Mi esposo me sorprendió con un regalo especial. **Husband:** My husband surprised me with a special gift. (mai jázband sorpráizd mi wif a spéshol gift).

1867. Mamá: Llamaré a mamá para contarle las buenas noticias. Mom: I will call mom to tell her the good news. (ai wil kol mam tu tel jer de gud nius).

1868. Cantar: Me encanta cantar en el coro de la iglesia. **Sing:** I love to sing in the church choir. (ai lov tu sing in de chörch kwáir).

1869. Papá: Mi papá siempre me apoya en todo lo que hago. **Dad:** My dad always supports me in everything I do. (mai dad ólweiz sopórts mi in évrithing ai du).

1870. Barrer: Necesito barrer el piso antes de que lleguen los invitados. **Sweep:** I need to sweep the floor before the guests arrive. (ai nid tu swíp de flór bifor de gésts aráiv).

1871. Redes sociales: Paso demasiado tiempo en las redes sociales. **Social media:** I spend too much time on social media. (ai spend tu mach táim on sóushal mídia).

1872. Jugo: Me gusta beber jugo de naranja fresco en la mañana. **Juice:** I enjoy drinking fresh orange juice in the morning. (ai enyói drínking fresh óreny yus in de mórning).

1873. Amigo: Mi mejor amigo y yo compartimos muchos intereses en común. **Friend:** My best friend and I share many common interests. (mai best frend and ai shér meni kómun ínterests).

1874. Bañar: Voy a bañar a mi perro en el patio trasero. **Bathe:** I'm going to bathe my dog in the backyard.   (aim góing tu beith mai dog in de bákyard).

1875. Estrés: El trabajo constante me causa mucho estrés. **Stress:** Constant work causes me a lot of stress.   (kónstent wórk kózes mi a lot of stres).

1876. Preocupar: Me preocupo por la seguridad de mis seres queridos. **Worry:** I worry about the safety of my loved ones.   (ai wóri abaut de séfeti of mai lóvd wans).

1877. Cárcel: El ladrón fue enviado a la cárcel por robo. **Jail:** The thief was sent to jail for theft.   (de tíf waz sent tu yél for tef).

1878. Tarjeta de crédito: Pagué con mi tarjeta de crédito en el supermercado. **Credit card:** I paid with my credit card at the supermarket. (ai peid wif mai krédit kárd at de súpermárket).

1879. Pinchar: Ten cuidado al pinchar el globo, podría explotar. **Prick:** Be careful when pricking the balloon, it might pop.   (bi kérfol wen priking de balún, it mait pop)

1880. **Español**	**Inglés**	**Pronunciación**
1881. Saludos básicos	Basic Greetings	beisik grirings
1882. Hola	**Hello**	gelou
1883. Buenas tardes	**Good afternoon**	gud afternun

1884. Mucho gusto	**Nice to meet you**	náis tu mí-t yú
1885. Buenos días	**Good morning**	gud morning
1886. Gracias	**Thank yo**	tháng-kyú
1887. ¿Cómo estás?	**How are you?**	jáu ár yú
1888. Perdón/Disculpe	**Excuse me**	ik-skyús mi
1889. Buenas noches	**Good evening**	gud í-ven-ing
1890. De nada	**You're welcome**	yur wél-kam
1891. Lo siento	**Sorry**	só-ri

Gracias